成功している起業家は、
みんなやっている

無限ビジネス創造法

はじめに

どのような時代であっても、新ビジネスを切り拓いて成長し続ける会社があります。あなたも考えてみてください。きっと、そのようなビジネスを展開する会社の名前が、いくつか頭に浮かぶのではないでしょうか。今、どこかで誰かが、そのような会社を生み出していています。もしかすると、あなたが、その一人になるかもしれません。

一方、不況が続いており、倒産、リストラ、派遣切りなどで苦労されている方がいます。私も、数年前までは、その一人でした。一度は成功した事業がさまざまなトラブルによって行き詰まってしまい、倒産寸前までいきました。そのとき、著名な起業家たちとお会いしたことで私の運命は好転。起業家たちと触れあうことで私の意識が変わり、起業家たちが教えてくれた「ビジネスの方程式」によって私の会社は急成長しました。

その起業家たちから受けた恩を人々へつなげるために、私は、新ビジネスに挑戦する人々や、仕事で苦しんでいる方々の力になれないか、と考えました。友人の起業家たちに相談したところ……

「意識改革を行って、新ビジネスの創造方法と売上向上のための戦略と戦術を学ぶべきだ」

という結論に達しました。

言い替えれば、脳を磨き上げて、ビジネスのための基本システムを体に染み込ませるのです。成功者たちの生きる姿勢に学び、ビジネスを飛躍的に成長させる戦略と、それを実践する戦術を身につけるのです。そのような戦略と戦術を、優秀な起業家たちと切磋琢磨して創り上げました。それらはセミナー、ＤＶＤ、レポートなどで発表されています……今回は、この一冊の本に、それらの結晶を集約したのです。

それらの結晶によって、あなたのビジネスを促進……プロモートしたいのです。

優秀な起業家たちの戦略と戦術を聞いて、脳をチェンジすることで、自分のビジネスを継続的に発展させてください。さらに、あなた自身が、誰かのビジネスを加速させる〝ビジネスプロモーター〟となることを願っています。

ビジネスプロモーターは、膨大な情報をベースにして、あらゆる視点から時代を分析します。それらを使って、戦略構築を行って適切な戦術を実行します。やり方を知れば誰でもできることです。特別な人がやることではありません。誰でも、学べば学ぶだけ、実践すればするだけ成長できます。

ビジネスプロモーターは、世の中が最も必要としているものを見つけ出し、顧客を創造し続けて、継続可能なビジネスを生み出します。ビジネスプロモーターが増えれば、それだけ日本経済が発展して、あらゆる分野の状況がよくなっていくことでしょう。それが私たちの切なる望みです。

アメリカで鉄鋼王となったアンドリュー・カーネギーも、多方面からビジネスモデルを分析して、戦略と戦術を磨き上げました。そのとき、自分で複数の人物を演じて会議をしたと伝えられています。カーネギーは、複数の人間の視点から、あらゆる可能性を探って成功の階段を登っていったのです。

私は、カーネギーのような有名な実業家ではありません。数年前までは、何の取り柄もないサラリーマンでした。実は、一時は病気のために仕事ができなくなり、自殺まで考えたこともあります。まったくのゼロになってしまったどころか、マイナスのような状態でした。そのような状態の頃、さまざまな出会いを得て、新たなビジネスモデルを構築することで事業を成功に導けたのです。大きな支えになったのは、やはり、起業家の先輩方や友人たち。おかげで現在、２つの会社を経営しながら5つの事業を進めています。

振り返ると、ゼロ以下のマイナスであったことが、ビジネスチャンスにつながりました。自殺寸前までいった男であっても、時間をかければ、このような本を書けるようになるのです。チャンスはすべての人にあります。そのカギは【常識】です。

これまでの常識を打ち払えば、あなたの回りには、ビジネスチャンスが山のように転がって

いるのです。

あなたが現在のビジネスに限界を感じていたとしても、新たな視点……つまり、ビジネスプロモーターの視点から見直せば、ビジネスを加速させて、売上と利益を向上させられます。

一度、従来の枠組から離れて、自分のビジネスを見直してください。

ビジネスパートナー、ビジネスモデル、戦略構築方法などを、あらゆる視点から点検するのです。そうすれば、ビジネスを再構築する材料、飛躍できる種が見つかるはずです。

あなたは、すでに成功の種を持っているのです。それを拾って育ててください。

この本を、新しいビジネスを切り拓く野心をもった人々と、逆境から抜け出して新たな仕事を手にしたい人々に贈ります。さあ、あなたも、私たちとともに、ビジネスプロモーターとなって日本経済を活性化させましょう。ビジネスプロモーターになったとき、あなたは豊かで幸福な生活を手に入れていることでしょう。

平成23年4月　山口友紀雄

Chapter ①

マインドセットですべてが決まる

Chapter ②

有限のビジネスから無限のビジネスへの飛躍

Chapter ③

ビジネスプロモーターが生み出すパワーとお金

Chapter 4

ビジネスプロモーターの3つのステージと基本力

Chapter 5

ケーススタディ：ビジネスが飛躍する瞬間を語る

Chapter 6

ミッションによってビジネスプロモーターは成長する

Chapter 1

マインドセットですべてが決まる

① 成功する最短最速のコツはただ1つ

成功した起業家たちに、成功するコツを尋ねると、どのような答えが返ってくると思いますか。私が多くの起業家たちに尋ねたところ、その答えはこうでした。

「成功した起業家と一緒の時間を過ごすこと」

答えは、成功した起業家たちの仕事、生活、生き方に触れることです。成功するための最も簡単なコツは、成功者と一緒にいることなのです。その理由を考えるとき、著名な物理学者、アルバート・アインシュタインの言葉が参考になります。

「あなたが直面している問題は、その問題に直面したときの自分のレベルでは乗り超えることはできません」

この言葉の意味は、ある程度成長しないと、現在の問題を解決できないということ。問題を乗り越えて成功するためには、次のレベルに成長した自分を手に入れる必要があるのです。たとえば、あなたがプロ野球選手であったとしても、すぐにイチロー選手のように大リーグで活躍できるわけではありません。自分の技術を磨いて、少しずつレベルを上げていかなければなりません。練習をしてから強い相手と闘いながら経験を積んで、また練習してレベルを上げていくのです。それと同じように、過去に年収500万円稼いだ経験があったとしても、すぐに1億円稼ぐことはできません。まずは1000万円。それを達成したら3000万円という具合に少しずつ段階を踏んで、試行錯誤しながら高い所を目指すしかないのです。

では、次のレベルに行くために最も必要なことは何でしょうか。つまり、今よりも収入を上げるために必要なこととは？　それは、

今までとは異なった新しい思考、価値観……マインドセットです。

もし、「もっと稼ぎたい」「成功したい」「起業したい」「新たな仕事を手にしたい」と思っ

たら、思考方法や価値観を変えて、脳を一新する必要があります。
あなたが新たなビジネスを始めたり、新しい仕事を手に入れるために必要なのは、コピーライティング能力でもインターネットのマーケティング技術でもなく〝脳を変えること〟なのです。つまり、マインドセットを変えることです。新たなマインドセットを手に入れてから、必要となればコピーライティング能力やマーケティング技術を手に入れればいいのです。

人間のすべての行動を動かしているのは脳です。そして、行動することによってのみ、結果が得られます。行動がすべてです。その行動のすべては、脳からの指示によるものです。だから、脳を変えることによってのみ行動を変えることができるのです。でも、このような声が聞こえてきそうです。

「〝脳を変える〟といっても、どうすれば変わるかわからない？」

確かにそうですね。〝脳を変える〟と言われても、すぐにその方法は思い浮かばないでしょう。脳というのは、今までの経験の範囲内でしか指示を出すことができません。経験のない新しいことをしようと思っても、脳は、どのように行動してよいのかわかりません。だから、指示の出しようがない……。さらには、防衛本能によって「やったことがないことは危険である」という判断を下し、行動をストップさせてしまいます。

では、やったことがないことをするために、脳に正しい指示を出させるにはどうすればよいでしょうか。答えは最初にお伝えしました。簡単です。

成功者に会う時間をできるだけ増やして話をすることです。

つまり、マインドセットを変えるためには、成功者と会って長い時間、一緒に過ごすことです。成功者とは、あなたが目指す人ということです。

あなたより先を行っていて、稼いでいて、あなたが理想とする生き方をしている人です。その理想の人と一緒に過ごす時間を多く作ることが、マインドセットを変える最も速い方法なのです。

なぜなら、成功者は、次のレベルに行くための戦略を含め、必要なスキル、知識、データ、経験をすでに持っています。さらには実際に稼いでいるという実績も……。なので、彼らと一緒に過ごすことで、成功者から、それらのことを直接、学べます。大切なのは次のことです。

「そんな金額稼げないよ」と思っていた売上や収入が実現可能だと〝自分の脳に理解させる〟のです。

そのためには、それ以上を実際に稼いでいる「成功した起業家と一緒の時間を過ごすこと」によって、それを実地に学ぶことが大切なのです。

ここで気をつけて欲しいのは、成功した起業家と会って、直接話すこと。音声や教材という形ではなく、直接、成功者に会って、五感すべてで味わいながら話を聞いてください。そうすると脳がより現実的だと受けとめます。そうすれば、成功する確率が何十倍、何百倍とアップします。

マインドセットの重要性を理解している成功者たちは、普段から、あらゆるチャンスに時間とお金を投資しています。自分よりもレベルの高い人と会ったり、そうしたセミナーや会合に出かけたりします。それも、できるだけ、さまざまな業種の成功している人と会うのです。自分の属している業種以外の人々と出会うことで、新しい世界を知ることができるからです。それが、次のレベルに行く最も効率の良い方法なのです。

② 成功者の価値観を知り、お金に対する価値観を変える

先ほどもお話ししたように、次のレベルに成長するためには成功者と過ごす時間を増やし、直接、話をする時間を作ることです。

私は、友人の起業家とともにセミナーを主催することがあります。そのようなセミナーでは、視覚、聴覚など五感を使って、講師の情熱や知性を直接感じて欲しいと思っています。しかしながら、セミナーでは時間が限られていますし、全員がわかるような常識的な話しかできません。

そこでセミナーを開催するときは、セミナーが終わった後に、場所を変えて少人数で飲みながら話ができる「懇親会」を開催することにしています。確かに講演を聞くことも大切ですが、飲みながら近くで話すことで親近感が生まれ、そしてお酒が入ることによって「普通では絶対に話さないようなこと」を聞くことができます。

実際、成功者に自分の聞きたいことを聞ける機会は「お金に代えられない価値」があります。2007年にビル・ゲイツを抜いて、フォーブス誌の長者番付で世界第1位になったウォーレン・バフェットが、自分とランチを食べられる権利をオークションへ出品したことがあります。その権利を誰がいくらで落札したと思いますか？　ある証券会社のトップセールスマンが落札した金額は、なんと62万ドル！　日本円で7100万円でした。

大富豪との2時間ランチに7100万円のお金を支払う。

一般の人がこのニュースを聞くと、「なんてバカなお金の使い方をするんだ」と言うでしょう。しかし、本当に稼いでいる人は、このような価値観を持っています。成功者と過ごす時間、話す時間が何よりも価値があることを知っているのです。おそらく、7100万円で落札した人は、すぐにこの金額の元を取り、この何倍、何十倍のリターンを得たはずです。これが「成功者の価値観」です。

このような価値観を信じられない人もいるでしょう。もしかしたら、お金をたくさん稼ぐことに、罪悪感を持つ人がいるかもしれません。特に日本人の中には、大金を稼ぐことに対して罪悪感を持つ人が多いようです。「お金はたくさん必要ない」などという意識が脳に刷り込まれている人もたまにいらっしゃいます。しかし実際はそうではありません。もし、そのようなことを少しでも思っていたら、その価値観を考え直してみてください。

あなたの間違った価値観を変えるためにも、今お話ししている成功者と一緒の時間を過ごすことは非常に有効です。

よく「一流が一流を育てる」という言葉がありますが、実際そうなのです。有名なメイクアップ・アーティストのIKKOさんは、稼げない時代から一流を知るために高級ブランドの服を着ていたそうです。食べるものを削ってでも高級ブランドを買いました。高級品を着ることによって、自分の中の価値観、意識が変わっていくことがわかったからです。

また、世界で活躍するスポーツ選手達もよく「レベルの高いチームに入ることで自分のレベルも上がる」という言葉を口にします。ビジネスで稼ぐということも、まったく同じなのです。稼いでいる人と一緒に過ごしたり、一緒にビジネスをしたりするから稼げるようになるのです。

そういう観点から考えると自分の目的と関係するものであれば、レベルが高いものに無理してでもしがみつくことがあってもいいでしょう。私はお金がないときでも、年間数百万円のお金を払って、成功した起業家に会うように努めました。そのおかげで現在の自分があります。

あなたも今日から、成長するための機会を増やして欲しいのです。

現実的には、そう簡単ではありません。なぜなら、そうした成功者は忙しく、今、お話ししたような価値観を持っているからです。今、お話しした価値観、つまり次のレベルに行くために、自分より上のレベルの人と会おうとしているからです。

③あなたが望む年収は？
その理由は何ですか？

あなたはお金のことをどう考えていますか？「たくさんあればいい」とにかくお金を儲けたい」と考える方が多いのではないでしょうか？

確かにそうです。お金はたくさんあっても邪魔にはなりません。でも、自分が目標とする年収を考えるとき、「お金が欲しい」だけでは目標になりません。私は数年前、ある著名な起業家に、そのことを教えてもらいました。それは次のような会話がきっかけでした。

「山口くん、どれくらいの年収を望んでいるの？」
「３０００万円ですね」
「どうして、３０００万円なの？」
「３０００万円あれば、十分かなと思って……」

「2000万円じゃダメなのかな?」

「ええ、2000万円でもいいですよ」

「じゃあ、1000万円じゃあダメかな?」

「うーん、悪くはないですが……」

「そんな答えでは何もできないよ」

「できませんか……」

「自分がいくら欲しいのか。なぜ、欲しいのか。何に使いたいのか。突き詰めて考えなきゃダメだよ。そこが始まりだから」


私は常日頃、目標としていた「3000万円」と答えたのですが、理由を聞かれると困ってしまいます。普通の暮らしをするなら3000万円は必要ないでしょう。

総務省によると、2009年における日本人の平均年収は406万円。あなたは、どうでしょうか。目標とする年収はいくらですか? 「1000万円は欲しい」という方もいるかもしれません。では、「なぜ、1000万円ですか?」と聞かれたらどう答えますか? 自分で少し考えてみてください。

④ 目標達成のエクササイズをするために

さあ、年収について考えてみましたか。それはいくらだったのでしょうか。「どうして、その年収なの？」と聞かれたら、ちゃんと答えられますか。私がそうだったように、適当な答えになっていませんか。そんな方のためにエクササイズを用意しています。これは、私が数々のセミナーなどで試して、皆さんが実績を残しているエクササイズ。目標を実現するためのエクササイズで、さまざまな事柄に使うことができます。是非とも一度、試してみてください。

では、あなたが望む年収など達成したい目標を実現するためのエクササイズをしてみましょう。まず、目標とする年収と仕事を中心に考えてみます。

といっても、難しいことは一切ありません。ごくシンプルな作業を、確実に実践していくだけです。それは5W1H、つまり…

WHO（誰が）
WHEN（いつ）
WHAT（何を）
WHY（なぜ）
WHERE（どこで）
HOW（どのように）

これらの質問に、できるだけ具体的に答えて、書き出していく作業です。やることは単純。問いに答えるだけ…でも、実際に自分でやってみると、意外と難しい。

「いつまでに、目標を達成するのか」
「1年間で何をしたいのか」
「なぜ、その金額が必要なのか」
「どこでお金を使うのか」
「どうやってお金を手に入れるのか」

これらの問いに答えようとすると、自分の中にある矛盾や曖昧な部分に気がつくでしょう。これらの質問に具体的に答えられなければ、あなたは絶対に目標を達成できません。なぜでしょうか。答えは前に説明したとおり、いたってシンプル。

自分でよくわかっていないことは、あなたの「脳」が拒否するからです。

脳は、人間の司令塔です。司令塔には明確で具体的なビジョンが絶対に必要。それがないまま指示を出せば、その内容に一貫性がなくなりミッションを完遂することは不可能です。あなたが目標を達成するには、あなたの脳に、それを完全に理解させなければなりません。「なんとなく○○○がしたい」とか「なんとなく○○○が欲しい」など、曖昧な目標は一生実現しません。先ほどの「成功者と一緒の時間を過ごす」と同じ……成功者の現実に触れることで、成功するためのマインドセットが可能になります。

成功するためのマインドセットを、脳に自然に理解させることが大切なのです。

目標を達成するためには、目標達成の期限を決め、その期限までに目標を達成するために「今日、何をするのか」「明日、何をするのか」を具体的に明確に書き出すことです。たとえば、1年後、または2年後に年収1000万円を獲得するために今日、何をするのか……それがさまざまな事実をベースにして明確になっていれば、実現の可能性は高くなります。それらの事実、理由を書き出すことによって、脳に現実的だと思わせることができるからです。

書くことは脳に大きな刺激を与えます。

書いて、それを見ることで脳を刺激して、自分の脳に理解させせます。書けないことは実現できません。もし、書けたとしても、5W1Hが具体的になっていなければ、「絵に描いた餅」になってしまいます。期限までの行動スケジュールがしっかり決まってしまえば、迷うことがなくなります。そのスケジュールがあなたのガイドとなって、成功へ導いてくれます。

簡単に言えば、成功への階段が100段あるのです。
1段1段登れば成功にたどり着きます。

⑤ 年収と仕事に関するエクササイズ

　ここでは、年収と仕事に関するエクササイズをしてみましょう。これによって自分が必要とする年収と、あなたにとって可能性の高いビジネスがわかります。

　もしかすると「年収が1億円でも足りない」という人がいるでしょう。ある人は「500万円あれば十分」と言うかもしれません。それでいいのです。自分が本当にいくら必要としているのか、を具体的にイメージすることが大切です。明確な目標を脳に刻み込みましょう。

　たとえば、現在の年収が500万円なのに「1〜2年後に1億円稼ぐ」というのは、どう考えても現実的ではありません。1億円の札束、または、あなたの通帳に「100000000」と数字が並んでいるのを、ありありと想像できますか？　1億円は無理かもしれませんが、600万円、または700万円ではどうでしょうか。がんばれば、無理ではなさそうですよね。

その金額は、イメージすると少しストレスを感じる程度の数字がよいでしょう。「ストレスを感じる」のは、「がんばらなければ」と思うときです。それは「いつもよりもちょっとがんばっている自分」を感じられる程度のストレスです。

その金額をはっきりとイメージできない場合は、絶対実現できません。

あなたが望む階段の最上段が1億円だとしたら、まずは、最初の踊り場で手にする金額をイメージしましょう。あまり先だと毎日の行動スケジュールが立てにくいので、その踊り場に到達する期限は1年ぐらいがいいでしょう。その金額を出すのは簡単です。現状の収入と生活費を計算し、さらにこれから欲しいもの、欲しい状態を作るために必要な金額を足せばいいのです。さあ、計算を始めましょう。

できたら、白紙の紙を出して、そこに書き出してください。もしくは、この本の余白でも結構です。どうしても忙しい方は声を出しながら答えてください。それも難しいようなら、心の中で大きな声を出してください。考えていることを一度、外に出すことで自分を客観視することができます。ただ頭の中で考えているだけでなく、何らかの表現をすることがとても重要なのです。さあ、次のステップに従って書き出しましょう。

ステップ1　現状確認：現在の収入、現在の生活費を書き出す

現在の年収を書き出してください。懐に入るお金すべてです。

■現在の収入（年収）

それから、現在のあなたの生活に、いくらお金がかかっているのかを書き出します。借金があれば、それも書いてください。ここでは「現在の状況」を書き出します。まずは、1カ月の支出（生活費）を書いていましょう。

食費、住居費、交通費、通信費、電気代、水道代、ガス代、教育費、教養娯楽費、衣服費、保険・医療費、借金返済、雑費、その他

これらの数字がすぐに出るようなら、あなたは現状をよく把握している方です。自分の現状を詳細に正しく把握することは、とても重要です。それがスタート地点だからです。その作業をするだけでも、あなたの意識は変わるはずです。時間がある範囲でいいので、計算してみてください。その結果を12倍すれば、1年間に必要なお金がわかります。

■1カ月の生活費

■1年間の生活費合計

ステップ2　あなたが希望する、これから1年間の生活のイメージ

あなたが望む生活を自由にイメージしてください。これから1年間のことです。なるべく具体的に頭に浮かべるのです。「春には何を買うのか」「夏には自分はどこで、何をしているのか」「秋には誰と一緒に旅行にいくのか」「冬は、どのようなプレゼントを買うのか」「1年後には、どのような毎日を送っているのか」など、具体的にイメージできるように書きま

しょう。「最も大切なことは何か」を考えながら、イメージしてください。一緒にいる人の姿、着ているもの、表情などを詳細に思い浮かべながら、1年間の自分の生活をイメージするのです。

■これから1年間のあなたの生活

ステップ3　これから1年間、欲しいものの金額

先ほどイメージした生活から、あなたが、これから1年間で欲しいもの、必要なものを次のように具体的に書いてください。

例）生活費に年間３００万円必要

例）資格試験に20万円必要

例）子供の学費に80万円必要

例）家族旅行に60万円必要

どんな小さなものでも、欲しいものはすべて書き出してください。たとえば、ブランドの

服が欲しいなら、そのブランド名、服のデザイン、色、値段など、イメージできるように書き出します。たとえば、50万円のオメガの時計、1000万円の真っ赤なポルシェなど、何でもいいのです。今から1年以内に実現したい自分の生活スタイル、たとえば、「年に4回、家族で旅行する費用が100万円」「新築一戸建てを建てる積立金が200万円」というように書いていくのです。

あなたが必要なものはすべて書き出してください。あなたの趣味の品でも、子供の学費でも、旅費でも……。ここに書き出すのは、すべて、あなたのためのものです。「なぜ、それが欲しいのか？」「なぜ、そんな生活をしたいのか？」を、具体的に詳細に書き出してください。何度も言いますが、書けないなら……頭でイメージできないなら、それは、あなたには必要のないものです。最初に言いましたが、「なんとなく」という目標は絶対に達成できないのです。あなたが本当に望むものは何でしょうか。考えてみてください。

■欲しいもののリストとその合計額

ステップ4　目標とする年収の計算

1年間の生活費と今後1年間に必要なものの合計額がわかりました。その2つを足せば、目標とする年収となります。

■年間の生活費＋今後1年間に必要なものの合計額＝目標とする年収

この金額は、あなたが今の生活を維持しつつ、さらに欲しいもの、必要なものなどを手に入れるために必要な金額です。繰り返しますが、イメージできないなら、あなたには必要のないものなので絶対に稼げません。まずは、本当に必要な金額をはっきりさせてから、それを目標として計画を立てましょう。それができたら、さらに上の金額を目指すことができますよ。絶対に！

なぜなら、成功は結果の積み重ねだからです。

あなたがする努力、それによってあなたが得る価値は比例しています。努力すればするだけ、新たな価値を得ることができるのです。あなたが目標とした年収は、実現可能なものです。それを実現する方法を、さらに詳細に以下の質問から答えて見つけましょう。

ステップ5 あなたが持っているスキルやノウハウ

ここからは自分の力について知ることにしましょう。起業したい方、副業を始めたい方などのために、自分が挑戦するビジネスについて考えてみましょう。現在、サラリーマンであっても、自分が担当する事業を拡大することに役立てられます。自分の経験などによって自分が扱えるビジネス範囲、ターゲット、可能性が見えてきます。このようなシミュレーションをすることによって、自分の強みをさらに深く知ることができるでしょう。

まず、自分のスキルやノウハウを書き出します。あなたが学生でも社会人でも、どんな年齢でも、男性でも女性でも、何かしらのスキルやノウハウ、つまり技術や知識を持っているはずです。仕事で得た知識だけでなく、日常生活で趣味にしていることや得意なことがビジネスの種になることもあります。

具体的な資格も特技もないという人は、アルバイトや仕事で担当してきた内容を書いてみてください。うまくいった事例でもいいでしょう。それらは他の人から見れば、立派な知識や技術かもしれません。今までやってきた仕事の内容、仕事以外での経験でも大丈夫です。それらは、あなたの中にある能力の一部なのですから……。もしかしたら、あなたはこんなことを言うかもしれません。

「今までやってきた仕事は役に立たない」

そんなことは絶対にありません。あなたがやってきた仕事やアルバイトには、宝の山が眠っています。どんな仕事にも何かしら学ぶことがあります。それを忘れないで欲しい……もちろん、今している仕事も同様です。

今の仕事をよく見てください。仕事をしている同僚を見てください。部下たちを見てください。社長を見てください。誰もがそれぞれの形で、何らかの努力をしているはずです。それを見つめていれば、あなたが活用できることが必ずあります。

■**あなたがしてきた仕事やアルバイト**

■**あなたが持っている資格**

■**あなたが持っている特技**

■**あなたが持っている趣味**

■**あなたが持っているノウハウ**

■**あなたが知っていること**

ステップ6　あなたの性格、そして強みと弱み

同じ商品を売っているのに、売れるセールスマンと売れないセールスマンがいるのは不思議だと思いませんか。彼らにどんな違いがあるのでしょうか。あなたが商品を買うとき、どんな人から買いたいですか。きっと信頼に足る人物から買いたい、と思うことでしょう。どんな商品やサービスだとしても、売っている人によって、売れ行きが変わるのです。同じビジネスモデルの仕事だったとしても、あなたと他の人では、全然違う仕事ぶりになるでしょう。それは個性です。あなたのキャラクターが、ビジネスを左右するのです。

さあ、あなたは、どのような人でしょうか？

具体的に詳しく、「こんな人です」とわかってもらえるように書き出してみましょう。「どんなことでも興味を持つ」「とにかく宴会好き」「人見知りするから営業は不得意」というようなことでもいいです。わかりやすく自分を紹介してください。

■あなたの性格

また、他人から自分はどう見られているのかを知っておきましょう。友人、家族など、あなたをよく知っている人に尋ねてみてください。あなたの意外な面がわかるかもしれません。

■他人から見た、あなたの性格

あなたが持っている強みは何でしょうか。自分で考えてみてください。「どんなことがあっても笑うことができる」「いつもコツコツ努力できる」「ここ一番に強い」など、どんなことでもいいです。あなたの強みを書いてください。

■あなたの強み

今度は反対に、あなたの弱みを書いてください。あなたが苦手なこと、不得意なことを思いつくまま書いてみてください。

何かを達成するには絞り込むことが重要になります。苦手なことを克服しようとしても、いたずらに時間とお金を浪費するだけです。自分にできないことは、できる人に任せて、本来自分がすべきことに集中しましょう。そのために自分の弱みを書き出してみましょう。人間、何が強みなのか、何が弱みになるのか、本当のところはわかりません。弱みが魅力になることだってあります。ただ、そのことを自分がよく知っておくことが大切です。

■あなたの弱み

ステップ7　ビジネスの分野を決める

ここまで書いてきて、目標とする年収、持っている経験やノウハウ、自分の強みと弱みを確認しました。そこで、自分にとって可能性があるビジネス分野を探ってみましょう。好きな仕事でもいいですし、得意な分野でもいいです。

企業などを分類する場合は、以下のような分け方があります。

メーカー、商社、金融、不動産、小売・流通、人材、ＩＴ、情報処理、情報・教育、サービス、その他さらに詳細に見れば、いわゆる「ニッチ」（すき間、特定の分野）のビジネスというのもあります。たとえば、私が経験してきた分野で言えば、ペット、健康、美容があり、経営、教育、ITなどが含まれます。私一人でも、このぐらいの範囲があります。あなたも、今まで経験してきた仕事、これまで熱中した趣味やスポーツなどを考えてみれば、それがビジネスになる可能性があります。いくつか候補となるビジネスの分野を挙げてください。

また、経験したことでなくても、やりたい分野で仕事をすればいいのです。マクドナルドの創業者クロック氏も、飲食業の素人でした。成功しているベンチャー企業の多くは、まったくの素人が始めたケースが多くあります。何も知らないことがメリットになるのです。

■あなたが対象とするビジネス分野

ステップ8 最もニーズがある市場を探す

ステップ7で選んだビジネス分野で、一番困っている人がいる商品やサービスについて書き出しましょう。

どんな人がどのようなことに困っているのか？

人々が購入する動機は、「それが必要」となったからです。逆に言うと、それがないとその人はとても困るから、商品やサービスを購入するのです。たとえば、ダイエット商品の場合、他人から見て太っているのに、本人が痩せたいと思っていなければ、その人は見向きもしません。つまり、その人は、太っていることに困っていないのです。困っていないから、あなたの売るダイエット商品がどんなに優れたものであっても、その人には必要のないもの。逆に、とても痩せているのに「もっと痩せたい」と思っている人もいます。そんな人にとってダイエット商品は必需品です。

あなたの分野で、お客様が「今困っていること」を思いつくかぎり書き出してください。ここで注意して欲しいのですが、「あったらいいよね」という程度の困り具合ではなく、「今すぐ必要！」という緊急性の高いものを考えましょう。「あったらいいよね」は「今なくても別に困らない」ということであり、「なくても困らない＝需要がない＝売れない、お客がいない」ということなのです。

■それがないと困る商品やサービス

■そう思っている人の属性

ステップ9　その悩みを解決する商品を作る

ビジネスの分野が決まり、お客様の悩みがわかったら、その悩みを解決してあげる商品を作ります。あなたの商品やサービスは、次の3つの条件を満たしていなければなりません。

1. お客様の悩み、困っていることを解決してあげるもの

2. 商品を必要としている人が多いこと

3. 有限ではなく無限に売れるものであること

たとえば、あなたの商品が、その業界で最高のものであっても、必要としている人が数えるほどなら、たいした売上は上げられません。10万円の商品を100人に買ってもらうよりも、1万円の商品を1000人に買ってもらったほうが、口コミで広がる可能性も高くなります。つまり、市場が大きいのです。さらに商品をバージョンアップするなど新展開する際にも、その1000人がすでに有力な見込み客になります。

また、無限に売れる商品である必要があります。たとえば、マッサージなどの施術は、有限のサービスです。1人で施術できる数には限りがあるからです。つまり、売上の限界が最初から見えているのです。それを打破し売上を上げていくには、マッサージ師を増やしたり、教室を開催したりするなど新たな方法をとらないといけません。そこには新たなアイデアが必要となりますし、それを実行するためには、さまざまなリスクをともないます。このような3つの条件を満たす、悩みを解決する商品やサービスを考えてください。

■悩みを解決する商品やサービス

ステップ10 商品の販売方法を決める

ビジネスの分野と商品が決まったら、次は売り方を決めます。商品を売る方法としては、店舗や紙媒体などで販売するオフラインと、インターネットのオンラインがあります。現在では、オフラインとオンラインの双方で販売されている商品が多くなっています。どちらにするかは、そこにあなたの商品を買う顧客がいるかどうかで決まります。

たとえば、高齢者向けの商品だとネット通販では売れないかもしれません。なぜなら高齢者はインターネットを使わない方が多いからです。もっとも、40～50歳代の年齢層ならインターネットに慣れている人も少なくないので、オンラインでも販売できるかもしれません。

具体的に、売り方をイメージできるように書き出してください。オンラインでもオフラインでも、それぞれの売り方を工夫する必要があります。売り方を変えると、ターゲットが変わり、商品の性格も変わることがあります。

私の体験を例に挙げましょう。私のペット事業部では、犬用の防音ハウスを扱っています。

あるメーカーが開発した、犬の吠え声などが外に漏れないようにするための商品で、価格は15万円。もともと個人宅用に開発されたものです。ところが、価格がネックになったのか、あまり売れません。

そこで、売り先を変えてみようと思いました。選んだターゲットは、ビジネスホテルやシティーホテル。全国のホテルの稼働率は、平均して50％～70％。そこに目をつけました。こんな文言の広告を、ビジネスホテルにファクスで流しました。

「部屋の稼働率を10％上げる画期的なシステムがあるのですが……」

結果は、大成功でした。どういうことか簡単に説明すると、遊んでいる10％の部屋をペット宿泊可能の部屋にすることを提案したのです。その際、鳴き声や臭いなどの問題をなくすためには、一部屋数十万円～数百万円かけてリフォームするのが通常なのですが、次のように提案したのです。

「この防音ハウスを各部屋に一台入れるだけで鳴き声も外に漏れず、消臭効果もあります」

このように切り口を変えただけで、まったく異なる商品に変わったのです。このような感じで、売り方（商品の切り口）を変えると商品も変わります。

それでは、商品やサービスを利用する顧客の年齢、性別、わかれば職業などを具体的にしましょう。また、どのような販売方法をとるか、を設定して書き出してみてください。また、その宣伝方法も書き出しましょう。以下から選択しても結構です。

■顧客の年齢層、性別、職業など

■販売方法：店舗、ウェブサイト、携帯サイト、テレビ通販、雑誌通販

■宣伝方法：新聞チラシ、街頭チラシ、ウェブサイト、携帯サイト、検索連動型広告、テレビCM、雑誌広告、口コミ、その他

⑥事業目標に関するエクササイズ（企業版）

先ほどは、個人向けに「年収と仕事に関するエクササイズ」をやりましたが、これを企業版にアレンジすることもできます。つまり、次のような点を詳細に書き出せば、企業の事業目標について考えることができるのです。

①会社の現在の売上と利益を書き出す
②展開したいビジネス、会社の将来像を描く
③それに必要となる経費を計算する
④現在の会社の経費を書き出す
⑤必要な売上高を決める
⑥会社の商品、サービス、技術、ノウハウをチェックする
⑦会社の強みと弱みを知る

⑧会社のプロフィールを書き出す
⑨ビジネス分野を決める
⑩消費者が最も困っている市場を探す
⑪その悩みを解決する商品を決める
⑫商品、サービスの販売方法を決める

ここに書いたのは、新たな事業目標を実現するためのエクササイズの概要です。実際には経営戦略から戦術まで、さらに詳細に検討する必要があります。たとえば、開発経費、商品価格の設定、経費の計算、売上高の設定、見込み客の集客方法、組織の作り方、スケジュールの立て方など、さまざまな検討課題があります。ただし、主要な骨格は、この12点で十分です。これらについて考え続ければ、新たな事業目標を設定することができるでしょう。

⑦ 何度も繰り返しながらイメージ力を鍛えてレベルアップ

「目標年収と仕事に関するエクササイズ」、企業の「事業目標を達成するエクササイズ」を紹介しました。ご自分でやる時間がない場合には、頭の中でイメージしてみてください。それを何回も繰り返すと、1つの形ができあがってくるはずです。それが自分なりに固まったと思ったら、すぐに実行してください。

ただし、注意することが1つだけあります。行動スケジュールを仕上げて、そのとおりに行動しても、思い通りの結果が出ないこともありえます。そんなときは「目標が実は現実的ではなく方法が間違っている」ことが考えられます。

たとえば、今500万円の年収なのに1年後の目標年収が5000万円というのは無理があります。そんなときは、5W1Hを見直してください。それぞれの詳細を見直していけば、現実的な目標とスケジュールを組み上げることができるでしょう。

このように計画を練り上げてから、その後、振り返ってみると、イメージに大きな間違いがあったことに気がつきます。振り返れば当たり前のことが、イメージする際にはわからないものです。スケジュールの作成は何度も繰り返すことで上達していきます。1カ月、3カ月、半年、1年、3年、5年という期間で、未来をイメージして、その結果を振り返ることで、自分のレベルを上げてください。

私も、このエクササイズの質問を、常に自分に問い続けています。軌道修正しながら、自分の中にある未来のイメージを確固としたものにするように努力しているのです。イメージトレーニングを重ねることで、セルフイメージを理想の状態に持っていく作業をしているわけです。私は、このエクササイズを私自身に最も適したプログラムにして実行しています。もし、あなたが達成したい目標を持っていれば、このプログラムを自分なりに変更して、自分に最適なエクササイズ・プログラムを作るといいでしょう。

ここまで、「成功した起業家と一緒の時間を過ごすこと」について説明し、「年収と仕事に関するエクササイズ」を紹介しました。もし、時間がなかったとしても、一度でよいから試してみてください。大事なことは次のことです。

成功するためのマインドセットを、脳に自然に理解させることが大切なのです。

Chapter 2

有限のビジネスから無限のビジネスへの飛躍

①地獄から天国へ私を導いた犬

私の運命を変えたのは、ペロという犬……長期出張に出かけた友人から預かりました。ペロはミニチュア・ダックスフンドで、黒い大きな目と長い耳、それから短い足と長い体を持っていました。短い足で歩き回る姿がかわいいのです。私によくなつき、いつでも私のそばにいてくれました。

その頃、私は、耐えられない痛みが体中を走り回る病気に苦しめられていました。実は、私の母は、私を生む前にガンにかかり、私を生んですぐに27歳で亡くなりました。私もその体質を受け継いでおり、小児ガンにかかる可能性が高かったのです。小さい頃からガンの検診や予防のために病院に通い続けていました。

そのため、体に異常が発生したとき「来るべきときが来たか」と思いました。でも、違ったのです。私の病気はガンではなかった。なんと、現代医学でも病気の原因がわからなかったのです。治療法もなく、ただ痛みを我慢する日々。私は休職して家に閉じこもっていました。1年近くどんな治療をしても、いっこうに改善しません。絶望していたと言ってもいいでしょう。何度も自殺を考えました。ガスの元栓をゆるめて自殺する間際までいきました。が、何とか踏みとどまりました。

そこにやってきたのがペロ……本当にカワイイ犬でした。ペロの姿を見たとき、自分の中の痛みがほぐされていきました。その実感は日がたつにつれて深まり、知らぬ間に、痛みがなくなっていったのです。本当に体調が回復してきました。ペロと一緒に過ごして、なんと半年もしないうちに職場復帰できたのです。

原因不明の病気のために徐々に死に近づいている、という絶望的な状態でしたが、ペロが登場したことによって一変したのです。考えてみれば不思議なことです。すべて、ペロが運んでくれた希望なのです。

② マイナスからの出発……犬への恩返し

元気になった私は、新しい仕事をしたいと思いました。犬が私を救ってくれたのだから、今度は、私が犬たちを救ってあげられないか、と考えました。ペット関係の仕事をしてみたいと思うようになったのです。そうすると、いろいろな情報が集まってきます。

あるとき、バスの中でアイデアを書きまくっていると「犬、アロマ、マッサージ」という言葉が浮かんで来ました。その3つを合わせた「ドッグアロママッサージ」というビジネスが可能かもしれない」と頭の中でひらめきました。もともと私は、健康に携わる仕事に長く関わってきました。アロマやマッサージについては仕事で得た知識もあったのです。私の知識で犬への恩返しができて、それがビジネスになれば言うことはありません。

起業したかったのですが、当時の私には貯金もありません。父親は普通のサラリーマンですし、起業資金を借りるわけにもいきません。特に有力者を知っているわけでもなく、資格も技術もない。ないないづくしの無一文で、仕事を始めようと思ったのですから、確かに無理なことです。

当然、ドッグアロママッサージの店舗を開店するようなことはできません。そこで、教室を開くことにしたのです。教室を開くなら、どこかの場所を借りれば、さほど費用はかかりません。事前に受講料をいただいてから開催すれば、準備に要するお金にも困らない。教室を開催するメリットは、仕入れ費用、店舗家賃などの開業資金がなくてもスタートできることです。つまり、ほとんどリスクなしで、ある程度の売上が短期間で上げられるのです。

ただし、私は、犬に関する専門知識はありません。アロママッサージもできない。教室を開くなら、アロママッサージの専門家と犬の専門家である獣医師に講師をお願いするしかありません。私がすべてをコーディネートして、必要なところは専門家にお願いするというスタイルです。よく言えば、経営者でありプロデューサーという形になります。仕事関連でアロママッサージの専門家は知っていましたが、獣医師にコネはありません。そこで、広島近辺にいる獣医師に２００通を超える手紙を出したのです。

③理想によってビジネスパートナーを説得する

私がドッグアロママッサージの教室を始める際、獣医師の協力を得るために書いた手紙を紹介しましょう。まだ、コピーライティングなどという言葉も知らない頃ですが、ビジネスに対する一途な想いが込められています。恥ずかしい文章ですが、それまでの経緯とビジネスの志をわかりやすく素直に書いていています。これが私のビジネスの第一歩でした。一度、読んでみてください。

〈動物病院の院長へ届けた顧問依頼の手紙〉

○○○○動物病院
○○○○院長　様

はじめまして、突然のお手紙、失礼いたします。
広島に住む、現在、会社員の山口友紀雄と申します。
今回、院長先生に聞いていただきたい話があり、お手紙を書かせていただきました。実は私は今、会社を興そうと考えております。ビジネスパートナーになっていただける動物病院と先生をさがしております。決してお金をいくらか出して欲しいという話ではございません。一銭もお金をいただくこともございません。ゴミ箱に入れる前に、最後まで目を通していただければありがたいと存じます。

どういう事業を興そうと考えているかといいますと、ペット、犬猫を対象にしたアロマテラピーとマッサージのスクールです。もう少し具体的にいいますと、単純にアロマテラピーやマッサージを教えるのではなく、動物の体の構造、動物の正しい飼い方、食事や生活の指導等をパックにしてトータルに教えることを考えています。スクールを卒業したからといって、働く場所がないことも事実ですので、同時にビジネスを作り出すことも考えています。

いくつかプランがあります。たとえば、ペットホテル、自宅への派遣マッサージ事業です。卒業した人を登録制にしようと考えています。それにプラス、ビジネス目的ではなく、自分でペットを飼っていらっしゃる、初心者向けペットセラピースクールを開催します。その付加価値として、一年間自動的に会員になる仕組みにし、電話での健康相談やペット健康セミナーへの無料参加、情報誌の提供等を受けられるようにしたいと思います。

今回、この会社、スクールの専属顧問になってくださる先生をさがしています。日々、お忙しいことと存じますが、できるだけ、先生に負担をかけないよう、本業に支障をきたさないようにさせていただきたいと思います。

本で読んだのですが、アメリカと日本のペットを飼う人の違いという内容で、アメリカにおいては「年に何回も、検査や検診、予防接種などで動物病院へいく習慣がある」のに対して、日本においては「ペットを飼っている人の70%以上が年に1度も動物病院へ行かない」と書いてありました。日本におけるペットの予防医学に関する意識が低いことを感じました。

それに、これだけ動物病院へ行く回数が少ないのに、動物病院の数が多いのに驚きました。これは私個人の考えなのですが、動物病院事業、動物産業そのものが成長するためにも、消費者の意識を変える・・・いわゆる、ペットを飼っている人、これからペットを飼う人を教育していくことが大切ではないかと存じます。動物病院の位置づけを、治療する場所から予防する場所へ変えていくべきでは、と考えています。偉そうなことを申し上げてすいません。

そもそも私が会社を興す信念は、健康な人を一人でも作りたいということです。長くなるので簡単にしか書きませんが、私の母親は、私がお腹にいるときにガンが見つかり、私が生まれてすぐに27歳で亡くなりました。私自身10歳まで九州大学病院に通っていました。遺伝による小児ガンが出るかもしれないということでした。大人になっても病気に対する恐怖がつきまといました。特に母が亡くなった歳に近くなると・・・。

そのなかで、高校を卒業して、合計４社で働きましたが、運命のように健康産業の仕事ばかりに縁がありました。まったく違う職種で入社したのにも関わらず、新しく健康事業部ができて、そちらに移動という具合で、健康の仕事から離れられませんでした。神様が、一人でも多く健康な人を作るために、私を生かしているのかなと思い、一生、健康の仕事をしていこうと誓いました。

今から１年半前、原因不明の病に１年間苦しめられ、あまりの苦しさに一時期、自殺することも考えました。そのとき、私の心を救ってくれたのは、一匹のミニチュアダックスフントでした。だから、ペットを健康にすることも人間を健康にすることにつながる、と考えました。

考えてみれば、人間の世界では予防医学の意識が高まり、生活習慣を改善したりサプリメントを飲んだり、あるいはストレスを発散させるためにエステやマッサージに行ったり、年に１回は人間ドッグに入って検査をしたりするようになりました。

人間と生活を共にするペットも、ガンや糖尿病などの病気が増えています。多くの場合、ストレスが原因ですが何もしていないのが現状です。まずは現在、ペットを飼っている人を中心に、ペットの予防医学に関する教育を動物病院とタイアップしていきたいと考えています。

もちろんビジネスですから、儲からなくてはどうしようもありません。ここに書いたのは、ほんの切り口、さわりの部分だけで、その後のビジネスプランもたくさん考えています。かわいがるだけで、ペットの体をケアしていない人。そういう人たちを、少しでも教育できればと思います。

今は発想の段階ですし、私自身、人間としても未熟ですし、ペットやペット業界のことも何も理解していない若僧ですが、熱い気持ちと、生き物を元気に健康にしたいという気持ちだけは誰にも負けません。

先生にご指導いただける範囲でかまいませんので、ほんの少しでもご興味を持っていただけたら、たいへんお手数ですが御連絡をいただけないでしょうか。お会いしたときに、詳しいお話をさせていただきたいと思います。よろしくお願いします。お忙しいところ、最後までお付き合いいただきありがとうございます。

あなた様のご商売の発展と、ご家族の健康を陰ながらお祈りいたします。

山口友紀雄

この手紙は、すべて手書きで執筆して、200を超える動物病院へ郵送しました。その結果、4名の動物病院の院長から電話がありました。初めて院長さんから私の携帯電話にかかってきたときは、本当に嬉しかったことを覚えています。ちょうど駅にいるときで、なぜかトイレに駆け込んで話しました。自分の熱意が通じたことが、嬉しかったのでしょう。実際、連絡をしてくださった院長さんにサポートしていただきました。

今でも、自分の原点となる、この手紙を見返すことがあります。この頃はまだコピーライティングも勉強していなかったので、コピーライティングの勉強にはならないかもしれませんが、気持ちの伝え方、どのように相手を説得するのか、という点で、参考にしてもらえば幸いです。

④ 新しいビジネスモデルは素人が生み出す

このように開始したドッグアロママッサージの教室には、数十人の生徒が集まりました。ゼロから始めて、「少し光が見えてきた」という感じがしました。ただし、ドッグアロママッサージへの認知度は低く、「どうしても必要！」というほどのニーズは感じられませんでした。何回か生徒を集めて、教室を継続しながらペットのことを研究するうちに、大変なことに気づきました。年間45万頭もの犬が保健所に渡されて処理されていることです。なんと、そのうち80％は飼い主が捨てた犬というのです。これには驚きました。

飼い主が犬を捨てた理由は、うまく飼えないからです。犬が吠えたり、噛みついたりすることで近所迷惑になったり、ペットとしてかわいがれなくなったからです。この事実を知って、私は本当にびっくりしました。どう考えても飼い主が悪い。きちんと犬を飼えば、無闇に吠えたり、噛みついたりすることはありません。これは一種の社会問題。ペット虐待と言ってもいいでしょう。

さらに驚いたことがあります。実はたくさんの「犬のしつけ教室」があるのですが、そこが機能していないのです。つまり、しつけ教室に行っても、しつけがされていないわけです。いろいろ調べてみた結果、従来の「犬のしつけ教室」は間違ったしつけをしていると、私は判断しました。

飼い犬が吠えすぎたり噛みついたりして困り果てた人が、何とかおとなしくならないか、と「犬のしつけ教室」にやって来ます。近所迷惑などで困って、飼い犬のしつけを依頼しに来るわけです。でも、従来の「犬のしつけ教室」に頼んでも、結局、犬には大きな変化がありません。なぜかというと、トレーナーが犬を預かって訓練しているときには、しつけができていますが、家に帰ったら前と同じようになってしまうからです。

犬とトレーナーとの関係が良くても、犬と飼い主の間の関係は悪いままです。飼い主と犬との信頼関係、上下関係をしっかりしないと、しつけはうまくいきません。飼い主が上で、犬が下という簡単な構図を教えるべきなのです。本当にしつけをするなら、飼い主がしつけの仕方を学んで、自分で犬のしつけをするべきなのです。犬だけにしつけをしても、しょうがありません。飼い主と犬の両方に、しつけの仕方を教えるのがベストなのです。

だから、私は飼い主を教育する「犬のしつけ塾」と「しつけ保育園」を開催することにしました。でも、それをやってくれるトレーナーが見つかりません。トレーナーに頼みに行っても「素人が何を言うんだ。犬のしつけ方については私の経験が深い。よく知っている」とケンカになってしまいます。何人ものトレーナーと面談しましたが、こちらの考えを受け入れてくれません。私もトレーナーと同じように学校で習っていたら、そうなっていたでしょう。

業界における経験は実務では役立つものですが、新しいことに挑戦するときには邪魔になるケースが多々あります。素人が新しいビジネスを立ち上げることは多々あります。知らないことがメリットになるのです。次の言葉を覚えておいてください。

業界の常識という知識や経験が、新しいビジネスを邪魔する

私は、ペット業界には、まったくの素人から入りました。それだからこそ、同業者がやっていないビジネスモデルに気がついたのです。従来のしつけ教室のやり方ではなく、まったく新しいスタイルを採用したのです。その後、協力してくれるトレーナーさんが見つかり、私が理想とするビジネスをスタートできました。その結果、開業からわずか4カ月で何度もマスコミに取り上げられ、行列ができる人気店になったのです。なぜなら……

お客様が求めるサービスを提供したからです。

これは是非、覚えておいてもらいたいのです。誰が聞いても当たり前のことですが、このことを皆が忘れるのです。まったく当然のことで商売の原点なのですが、実際には、さまざまな業界でお客様のことを考えないビジネスが行われています。従来の店は業界の常識にとらわれて、お客様のことを考えていなかったのです。その結果、私が始めた飼い主にもしつけ方法を教える「犬のしつけ塾」が大人気となりました。

⑤ 業界の常識は、消費者の非常識！

多くのベンチャー企業は、常識破りからスタートしています。

旅行代理店のエイチ・アイ・エス（以下ＨＩＳ）は、業界の常識を打ち破った格安の航空券によって事業を開始しました。ＨＩＳの創業者である澤田秀雄氏は、海外では格安航空券が流通していることを知り、「ならば日本でも格安旅行券を」ということで事業を推し進めました。６畳のオフィスからスタートしたのです。今では航空会社、証券会社など多くのグループ会社を設立して海外にも事業展開しています。

澤田氏の仕事で特筆すべきは、航空会社「スカイマークエアラインズ」を作ったことです。航空会社を作るために役所に提出した書類は、トラック1個分になったそうです。１００億円の旅客機も購入し、パイロット、キャビンアテンダントも採用しなければなりません。

そのような努力の結果、従来価格の半額近い航空運賃を実現したのです。それは大変なことです。情熱がなければできることではありませんが、澤田氏は実現しました。そのチャレンジ精神には頭が下がります。経験がなくても航空会社を創ろうとすれば、素人であってもできるわけです。

起業する際に重要なことは、新たなビジネスモデルを提案することです。新しいということは、言い替えれば業界の常識を破るということです。業界の常識に沿ったビジネスをしていては、従来の企業をしのぐことはできません。「その業界のことは何も知らない」ということは、新しいビジネスを提案できる可能性が高いのです。固定概念がないだけ、自由な発想でビジネスモデルを考えられます。私が「犬のしつけ塾」で行ったことも同じです。

最初は、「ワンコインしつけ相談会」という形で、見込み客を集めました。当時他の「犬のしつけ教室」は1時間3000円から4000円が相場でしたが、1時間500円で相談会を開催したのです。それから、本格的なしつけ教室をスタートしました。週に3回、送迎付きで「犬のしつけ塾」を開講しました。飼い主と犬が通って、マンツーマンでしつけを勉強してもらう塾です。この塾は、キャンセル待ちになるほど流行りました。というか、人が足りなくなったのです。

⑥ ビジネスの限界……犬のしつけ教室の成功と挫折

「犬のしつけ塾」は、人気の行列店になり、テレビや雑誌の取材を受けるようになりました。しばらくは順調に売上が伸長……「これでうまくいくぞ」と思った矢先、起業して1年ぐらいたった頃、いろいろな問題が起きるようになりました。売上が上がり始めると問題が起こり収入が減る、ということを何度も繰り返したのです。

たとえば、新しいコンテンツのスクールを開こうと講師を招いたことがありました。数カ月前から打ち合わせをして、詳細なカリキュラムを作りました。報酬の話もきちんとしました。広告を出稿して生徒がどんどん集まり始めたときに、いきなり、その講師が法外な契約金を要求して「そのお金を払わないのならば講師を辞める」と言ってきたのです。

すでに報酬の話は何度もしていて、お互いに了解してスタートしていたのです。もうかなりの広告費を使っており生徒も集まっています。1カ月半後にはスタートの予定です。まさに「足元を見られた」という状況です。

その条件を飲むしかない状況だったのですが、私はその話を断り、その人と仕事するのをやめました。この先長く、一緒に仕事ができる人ではない。信頼できないなら、ここでやめたほうがいいと思ったからです。スクール開催まで1カ月半しかありません。教えるためのカリキュラムや教科書もない状態でした。生徒はもう集まっています。普通ならばあきらめるところですが、私はあきらめませんでした。その結果、何とか講師を見つけ、カリキュラムを作りながら、同時にスクールを運営しました。このとき、あきらめなければ何とかなるものだ、ということを学びました。

新しく雇った講師とともにしつけ塾を始めたら、人気が爆発してテレビや雑誌に取り上げられ、キャンセル待ちが出るほどの行列になりました。順調そのものでした。そんなときにまた問題が起こりました。従業員が、2回立て続けに送迎の自動車で車同士の軽い交通事故を起こしたのです。

送迎を減らすなど、プランの内容を見直さなくてはならない状況に陥りました。また売上が激減しました。売上が上がると何か問題が起こる……2年以上これの繰り返し。その後、苦しみながらも新たなプランを作って、何とか持ち直していきました。ようやく順調に生徒数も増えてきて「さあ、もっと拡大しようか」と思っているとき、また問題が起きます。

しつけトレーナーが、いきなり辞めたいと言ってきたのです。自分が卒業したペット専門学校から講師として呼ばれたからというのが理由でした。そのとき、物凄い怒りを感じました。トレーナーに対してではありません。専門学校に対してです。というのも、以前、新しいトレーナーを至急見つけなければならなかった私は、経験のある即戦力になる人材を探していました。何人かと会い、いい人が見つかり、スタートしようとしたときに、地元のペット専門学校の先生から電話があり、講師を探しているなら今年卒業した卒業生を雇って欲しいと依頼してきたのです。卒業したばかりで即戦力としては厳しかったのですが、その専門学校の先生の熱心な売り込みに負けて、その若い卒業生を雇うことにしたのです。

その若い卒業生は、当社に就職して1年後には、一般のトレーナーが3年かけて経験するくらいの貴重な経験をしました。仕事量が多かったので、すごいスピードで成長していきました。そんなとき、私に断りも一切なく、いきなり彼を専門学校が引き抜いたのです。信じられませんでした。それから数カ月は売上がなかなか上がらず、大変苦労しました。新たに講師を雇えば、すぐに売上が上がるとは思ったのですが、もう人が信じられません。人を雇うことができなくなっていました。そうこうするうちに倒産寸前の事態に陥り、資金繰りに奔走しました。

そこで、蓄えたノウハウをインターネットで売ることを決めました。なけなしのお金をはたいて通販のホームページを業者に作成してもらったところ、人気が爆発して売上が急上昇しました。それから次々と複数の分野でサイトを立ち上げました。なんと、どれも成功します。

「よし！　今度は大丈夫だ」と思っていた頃……深夜でした。私の携帯電話が鳴りました。従業員の交通事故の報告……「人をひいた」。人身事故です。道路に寝転がっていた人をかわし切れず自動車で轢いてしまったのです。その後、警察の調査の結果、制限速度以下で走っていたこと、相手が道路の真ん中で泥酔して寝ていたことなどから、双方同等の非があるとの結論をもらいましたが……。

とにかくその時は今までに味わったことがないような大きなダメージを受けました。莫大な損害賠償金……もちろん自動車保険には入っていたのですが、その時は「終わった」と思いました。でも、会社が、その従業員の代わりに被害者に賠償金を払わなければならない。だから、会社を潰すわけにはいかないと決意したのです。

「もっともっと稼がなくては！」このように思い、休まず働き続けました。そこから売上が上がり始めました。こんな感じで、売上が上がり始めると大きな問題が起こってお金が出ていきます。それからまた収入がなくなる……これをずっと繰り返していたのです。そして、もっと稼げるようになりました。でも「幸せか？」と聞かれると「幸せだよ！」と即答はできませんでした。稼げば稼ぐほど孤独になり、責任だけが重くなる。それ以上のお金が必要になる。そんな状況が続きました。でも、それは当たり前です。

レベルが上がれば上がるだけ、それだけ困難があるのです。

ですから、今はこう思っています。

困難な問題であったとしても、それを問題として扱わない。いずれ自分のレベルが上がれば必ず解決できる。

どのような問題であっても、後になってみれば解決できることだったと気がつきます。問題は、いずれ自分で必ず解決できます。だから、問題と考えるのではなく自分のレベルを上げれば、自然に解決する課題だと考えます。そうすれば、気が楽になり解決するスピードが速くなるでしょう。最初に書いたように、自分の脳が、その問題を受け入れて適切な指示を出せるようになればいいのです。

⑦ 有限のビジネスから無限の可能性があるビジネスへ

多くのビジネスは有限のビジネスです。「犬のしつけ塾」もそうでした。目の回るような忙しさの毎日……ゆっくり考える暇もありません。ただ、目の前の仕事をこなして、日々の糧を得ている感じです。長期的な構想もありませんし、何となく「もっと儲からないものか？」と考えているだけでした。これではいけません。

「犬のしつけ塾」の挫折は、仕事に没頭しすぎていたことも原因でした。実際、塾運営は順調だったのですが、仕事がタイトになりすぎて、私も従業員も体力的に厳しくなっていたのです。わかってはいたのですが、少し無理をしていました。従業員が人身事故を起こしたときには、本当に嫌な気分になって次のように考えました。

なんて、自分はツキのない人間なのだろうか。

少しうまくいけば、すぐに悪いことが起きる。

大きな試練を受けたとき、人は自分のことばかり考えてしまいます。でも、これまでの経験で言えることは、そのようなときには人知れず良いことを熱心に行うことです。そして、学ぶことです。学ぶことは、成功するために、またレベルを上げるために、絶対欠かせない要素です。

学ぶことをやめると、そこで成長が止まってしまう。

つまり、レベルアップしないので、自分の前にある問題を解決できません。最初に話したとおり、レベルアップしなければ、新たな問題を解決できないのです。もちろん、学ぶだけで行動しなければ意味はありません。学んだことを実際に使ったり、人に教えたりすることです。

有名なカリスマ経営コンサルタントの神田昌典さんは、こう言っています

「使わない筋肉は衰える」
「使わない知識も衰える」
「ビジネスは勉強をやめたとたんに、切れ味が悪くなる」

人間は、覚えた先から忘れる動物です。筋肉と同じように、ビジネスの原則も常に勉強していないと錆び付いていくので、学ぶことを継続してください。私も起業してから今日まで、自分を成長させるために年間数十万円から数百万円を自分に投資してきました。それによって、なんとか今日までやってこられたと思っています。皆さんも是非、自分に対する投資を続けてください。忙しいときこそ、苦しいときこそ、自分への投資が必要なのです。

売上が上下していた頃、私は、経営というものをきちんと勉強しなくてはならないと思いました。何が悪いのか、よくわからなかったからです。たくさんの本を読んだり、ビジネス関係のメールマガジンをたくさん購読したり、高額なビジネスセミナーを受けたりしました。それから、著名な起業家と話ができるような機会を持ちました。そのとき、言われたことは次のことです。

「儲からないのは、能力がないのではなくてビジネスモデルが悪いためである」

最初、この言葉にピンとこなかったのです。でも、しばらくするとわかってきました。当初、「犬のしつけ塾」はうまくいったが、売上が大きく上下しました。トラブルも頻繁に起きました。そこから、ノウハウのインターネット通販を行うと爆発的な売上を記録しました。ここが大きな分岐点です。私は無限の可能性があるビジネスにタッチしたのです。

それまでは「犬のしつけ塾」というリアルな教室で、教える先生と生徒という限られた範囲でビジネスをやっていました。時間も人も有限だったのです。それがインターネットでノウハウを販売するようになって、無限と言えるような市場を前にしました。それまでトラブル続きだっただけに、これは大きかった。目の前が明るく開けたような気がしました。

有限のビジネスから無限のビジネスに転換したのです。

一生懸命、精一杯、仕事をすることは、とても大切なことです。でも、それだけでは同じレベルにいるだけ……私も「犬のしつけ塾」を経営している頃は、お客さんを増やすことだけに注力して、ビジネスの仕組みを発展させることを考えていませんでした。同じことをやり続けているうちに、私も社員も疲労がたまり、社員が人身事故を起こして、いつの間にか、倒産寸前になってしまったのです。

「このまま続けてもダメだ」「いくら働いても頭打ちだ」

そうです。やっと気がついたのです。私がやっていたビジネスは「有限のビジネス」。売上の頂点が決まっています。日銭は稼げますが、企業として発展していくことができないのです。つまり、ビジネスモデルが悪いのです。

有限のビジネスであることが「ビジネスモデルが悪い」ことだと気がつきました。いくら「犬のしつけ塾」が流行っても、それをただ継続していくだけでは売上の限界があるのです。

有限のビジネスをやり続けるのではなく、新たな展開をして無限のビジネスに持っていかなければ継続性がないのです。つまり……

ビジネスモデルを無限の可能性があるスタイルに変えるのです。

それは言い方を変えれば、他人の力やシステムを利用してビジネスを拡大することです。そして、継続性のあるビジネススタイルに持っていくのです。継続性がある無限のビジネスを進めるためには、新しい経営の方法……戦略と戦術を学ぶべきだと思いました。それは危機感に近いものでした。そのとき「成功した起業家と一緒の時間を過ごすこと」の重要性を感じました。あらゆる機会をとらえて、成功した起業家たちに会う時間を作ったのです。

私は、多くの成功した起業家に会って、共通点に気がつきました。それは、全員が「無限のビジネス」に挑戦していることです。重要なことは次のことです。

自分の仕事を手放してプロデュースへ移行しているのです。

仕事のレベルを向上させるためには、自分自身で直接手を下す仕事を減らすしかありません。自分の仕事を、優秀な人材やシステムに任せてしまうのです。トップクラスの起業家がやることは、次のことです。

トップクラスの起業家は、戦略と戦術を指示することに集中します。

彼らが凄いのは「無限のビジネス」を加速させて、あらゆる手法を用いながら多様なチャネルを通して売上を上げていくことです。商品、サービス、販売チャネル、顧客層などを相乗的に関連づけて、スパイラル状にビジネスを加速させていくのです。

だから私は、トップクラスの起業家たちのことを、ビジネスを加速させる「ビジネスプロモーター」と呼んでいます。

次の章では、有限のビジネスから無限のビジネスへ転換して、ビジネスを加速させる「ビジネスプロモーター」について紹介します。

Chapter 3

ビジネスプロモーターが生み出すパワーとお金

Business Promoter

① ビジネスを加速・拡大する ビジネスプロモーターの力とは

この章で紹介するのは、トップクラスのビジネスプロモーターの方々です。**ビジネスプロモーターとは、ビジネスモデルを生み出して戦略を構築し、必要な人やモノを用意して、戦術に従ってビジネスをマネジメントする人。**仕事の効率を驚異的に向上させ、継続的なビジネスを作り出します。

ここでは、音楽プロデューサーのつんく♂と秋元康、ユニクロ（ファーストリテイリング）の柳井正社長、アップル社のスティーブ・ジョブズCEO、マイクロソフト社の創業者ビル・ゲイツ、ケンタッキー・フライド・チキンの創業者カーネル・サンダースを紹介します。ビジネス関連ではありませんが、戦国武将の徳川家康も、その優れた交渉術が参考になるので取り上げました。

ビジネスプロモーターに共通するのは、ビジネスモデルをブラッシュアップする能力、それからビジネスモデルを現実にする徹底した実行力。

ブラッシュアップする能力とは、ビジネスモデルの細部まで詰めて、実行可能な形まで練り上げる力です。多くの人が、同時期に同じようなアイデアを考えますが、ビジネスプロモーターは、それを実行可能にして売上を上げられる形まで持っていきます。アイデアまでは誰でも考えますが、それを現実化するのは容易なことではありません。そのためには、ここで紹介するノウハウを体にしみ込ませて、実戦で鍛えるしかありません。

徹底した実行力とは、理想のビジネス、ビジネスモデルの確立、戦略の構築、戦略に沿った戦術の選択という流れを確実に推進できる力です。それは理想のビジネスに方向を定めて、まっしぐらに力強く進む意志のことです。ビジネスプロモーターが、そのような意志を見せれば、スタッフも迷うことなく従います。多くのビジネスプロモーターは、そのようなスタッフと協力することによって、成功の階段を登っていったのです。この2つの点に注目して、お読みくださると幸いです。

② 秋元康・つんく♂：ビジネスプロモーターの戦略と戦術

ここでは2名のビジネスプロモーターの仕掛け方、プロデュース手法を紹介します。その2名のビジネスプロモーターとは「つんく♂」と「秋元康」。この2人は、ビジネスプロモーターとして注目すべき戦略と戦術を持っています。2人は、皆さんもご存じのグループをプロデュースしています。

つんく♂がプロデュースした「モーニング娘。」秋元康がプロデュースした「AKB48」

音楽業界において、プロデューサーの存在がクローズアップされたのは、小室哲哉の登場によってです。小室哲哉は、従来のレコード会社の人間ではなく、作詞、作曲、アレンジをこなせる、ミュージシャン型プロデューサー。それまで、アイドルのプロデュースを担ってきたのは所属事務所とレコード会社でしたが、ミュージシャンである小室哲哉が担うことによってクオリティーが格段に上がったのです。

小室哲哉は、プロデューサーとして多くのグループや歌手に楽曲を提供して、次々とヒットを飛ばしました。とても優秀なプロデューサーでありますが、ビジネスの手法としてはある意味ワンパターンでした。優秀な人材を掘り起こして楽曲を提供して売り出すことには長けていたのですが、継続的に売り続けられない「自転車操業的」なモデルだったのです。それでも十分な金額を稼いだわけですが……。

現在、活躍しているプロデューサーの多くは、ほとんどが小室哲哉的なプロデューサーです。ところが、小室哲哉の後を引き継ぐように登場した、つんく♂は、手を替え品を替えて「モーニング娘。(以下モー娘)」をプロデュースして、できる限りの利益を生み出す工夫をしました。たとえば、モー娘のメンバーが入れ替わると熱狂的ファンも入れ替わると言われていますが、つんく♂はそれを狙って意図的にメンバーの入れ替えをしていたのです。

モー娘を中心に構成されたハロープロジェクトは、継続的な売上を上げる戦略に沿ってプロデュースされています。従来、芸能事務所は、所属している複数のタレントを次々に売り出していくことで継続的な収入を上げています。それに対して、つんく♂は、モー娘を中心としたハロープロジェクトという組織を作ることによって、継続的な収入の流れを作り出しました。

つんく♂とよく比較されるのが、もう1人の凄腕プロデューサーである秋元康。もともと、つんく♂のハロープロジェクトは、秋元康が1985年頃にプロデュースした「おにゃん子クラブ」を参考にしています。「おにゃん子クラブ」は、秋元康が作詞をしながら、番組制作やアイドルグループのプロデュースに関わったもので、メディアを巻き込んだ大きなムーブメントとなりました。秋元康は著書『企画脳』の中で、プロデューサーについて次のような発言をしています。

「誰がどんなものを食べたがっているかということを、つねに考えながらメニューを作ったり、料理人に指示を与えたりするのが、プロデューサーなのである」

アーティストは、自分が作りたいものを作りますが、プロデューサーは違います。音楽プロデューサーなら「誰がどんなものを聞きたいのか、見たいのか」を調べてから指示を出します。そこから、さまざまな要素を組み合わせて、ビジネスを加速させるのが、つんく♂や秋元康のようなビジネスプロモーターです。

つんく♂は、明らかに秋元康の手法を参考にしており、それをさらに発展させています。ファン心理をくすぐるインタラクティブな戦略を取り入れたのです。そのつんく♂がプロデュースしたモー娘やハロープロジェクトを見て、その手法をベースに秋元康がさらに発展させたのが「ＡＫＢ48」。現在、爆発的な人気があり、大きな売上を上げています。その活動はテレビの枠に収まりません。というよりも、テレビで見えている部分はほんのわずか。従来のようにテレビやＣＤでメインの売上を上げているわけではないのです。そこには緻密に練られた戦略があります。

ＡＫＢ48は、手の届きそうなアイドルというコンセプトを叩き台にして、ファンに親近感を持たせる戦略に基づいてプロデュースされています。ファンが、アイドルを応援しながら育てる、という感覚を大切にしています。これは好きなものにはお金に糸目をつけない客層をターゲットにするためです。そういう人たちは、ＡＫＢ48に付加価値を与え、そして、自分たちが与えた付加価値分のお金を自分で出します。そのようなファン心理をベースに戦略が組まれています。

このように話していくと、「アイドルグループじゃないか。普通のビジネスとは関係ないのでは？」という声が聞こえてきそうですが、そうではありません。大切なことは次のことです。

商品に付加価値を与えて、それらを発展させた商品群を生んでいくことです。

小室哲哉のように、単体のグループでヒット曲を生み出しても、それだけで終わっては継続的なビジネスになりません。ＡＫＢ48は違います。劇場、テレビ、歌、ドラマ、イベントなど幅広い分野で売上を上げながら、新しいユーザーを取り込み、次々と新たな売上を生み出しているのです。これまでのアイドルグループとは発展性が違うのです。

もう少し、AKB48の戦術を紹介しましょう。「握手会参加券やノベルティーを入手したい」というファン心理をうまく誘導して、CDを買うように仕掛けています。たとえば、1つのCDを19種類のジャケットで売り出して、1人が複数枚買うような状況を作っているのです。さらに同じコンテンツのCDの「劇場版」という商品を作ります。それはコンサートやイベントなどを行う劇場でしか売っていない商品です。その「劇場版」商品には、メンバー全員90人の写真を一枚ずつ入れてあります。そのため、1人で何十枚も買うファンが出てくるのです。いえ、参加した人のほとんどが複数枚購入してしまうのです。そして、それぞれに握手会参加券が1枚付いています。これもファン心理を読んだ戦術です。

さらに極めつけは、2008年に2000冊限定で発売された写真集。定価は破格の5万4000円。特典は2015年……写真集発売から7年後に開催される劇場オープン20周年祭への招待券です。気の長い話というより、その頃劇場が存続しているかわかりません。しかし、爆発的に売れました。

1つのコンテンツから多様な商品を生み出して、継続的な売上につなげています。

ファンたちは、知名度のない子を応援して、その子の人気が上がっていくのを楽しみます。そして、本当に人気が出た頃、ファンを「卒業」します。そこで、また新たなメンバーが投入されて、新たなファンが応援するのです。その繰り返しによって継続的な売上を上げられるシステムになっています。

ＡＫＢ48を継続的に発展させるために、必要な人、物、お金、メディアをすべて集め、それらをまとめているのです。それによって関係各所に利益が配分される仕組みになっています。そのような順序立てや配置を周到に仕組んでいるのです。チケット1枚を売るにしても、ＣＤ1枚を売るにしても2重3重に収益が出る、徹底した仕組みを作っています。

たとえば、ＡＫＢ48は、メンバーをいくつもの事務所に振り分けて所属させています。ＡＫＢ48には選抜メンバーという制度があり、ＣＤなどを出すときにメンバーを選抜する仕組みになっています。選抜の際、メンバーの各事務所は選抜されるために必死になります。所属タレントがファンの支持を得るために、事務所が自腹でプロモーションするのです。各事務所が経費を持つので、秋元康サイドには一切リスクはありません。事務所にお金をかけて宣伝してもらって、人気が出たら選抜する仕組みです。

また、1つのプロジェクトから複数の収入を得る仕組みを常に作っています。たとえば、AKB48の衣装は、秋元康が副総長を務める京都の大学の学生にデザインさせています。これは大学の宣伝になりますし、学生を集める効果があります。

ここで紹介したのは、ほんの一部です。秋元康は、単に1つのアイドルグループ（商品）をプロデュースして売り出すというレベルではなく、ビジネスモデル、戦略、戦術を周到に計画し、そこに必要な人、モノをすべて集めて、指示をして動かし、それらをまとめて管理しています。関連各所にも十分な収益があるように配慮しています。関連各所と〝ウィンウィン〟の関係を結びながら、努力しただけ戻りがあるように考えてあるのです。

面白いところは、秋元康が作り出した「おにゃん子クラブ」を見て、つんく♂が「モー娘」を作り、それを見た秋元康が「AKB48」を生み出したことです。秋元康の成功例をつんく♂がマネしながら発展させ、マネをされた秋元康が、さらにつんく♂の手法を発展させたのです。戦略と戦術は磨かれ、その波及力は大きくなっています。さらにビジネスを拡大するためには、過去の事例を参考にしながら、1人ではなくスタッフなど多くの人の力を利用することです。秋元康は、プロデューサーの仕事の仕方について次のように語っています。

「自分が理解できるものにしか挑戦しない場合は、10はいつまでたっても10のままなのだ」

秋元康はプロデューサーとして、多くのスタッフを統括しています。スタッフたちの意見を取り入れ、その判断を尊重しているのです。スタッフたちの力を利用して、それを何倍にも拡大するのがビジネスプロモーターの役割なのです。自分が好きでないものでも、理解できないものでも、信頼できるスタッフが強く押せば、それを推し進めてビジネスを拡大するのです。

秋元康とつんく♂のビジネスプロモーターとしての手法をまとめてみましょう。

・ファン心理を巧みに利用して戦略を構築する

・同じ商品から何種類かの商品を多面的に広げていく
・ファンを飽きさせない演出をする
・継続的なビジネスにしながら売上を上げる
・スタッフの力を最大限活用する

このような戦略、戦術、ノウハウは、どのようなビジネスにも活用できます。ビジネスは時間の流れとともに変化していきます。同じものでも、数カ月違えば、ユーザーの反応は全然違います。どのようなものでも流行があり、人気の浮き沈みがあります。その見極めをいかに速くするのか、また、どのように対応して発展させるのか、という点において、秋元康とつんく♂ほど参考になる事例はないでしょう。

③ スティーブ・ジョブズ（アップル社）：理想を追求する〝デジタルの開拓者〟

スティーブ・ジョブズは、現代の天才。アップル社のＣＥＯとして、「ｉＰｈｏｎｅ」「ｉＰａｄ」など世界中が驚くデジタル製品を作り続けている人物です。私は、ジョブズの正体は、技術者でもなく経営者でもなく、まさにビジネスプロモーターだと考えています。なぜなら、彼は、自分の頭の中に、常に理想の製品を持っており、その製品を創り上げる戦略と、人やモノを活用する戦術を知っているからです。

ジョブズは、自分が本当に欲しい製品を作り続けています。彼は、理想のデジタル製品を作る〝本能〟を持っている、と言っても過言ではないでしょう。技術者ではありませんが、その時点で可能な技術開発レベルを本能的に知っています。そこには一切、妥協がありません。優秀な技術者すべてが実現不可能と考えたとしても、ジョブズは本能に従って、さらに上の目標を指示するのです。

ジョブズは、デザインにこだわりますが、普通ではないところはパソコン内部のデザインまでも徹底してこだわったことです。パソコン内部には部品が並んでいるマザーボードがありますが、その半田付けの仕方にもこだわりました。「アップルⅡ」のマザーボードは、直線上にキレイに半田付けしてあったそうです。その後も、多くの技術者の反対にめげず、ジョブズはパソコン内部のデザインにこだわりました。それは製品に対する愛着から生まれるものなのでしょう。ジョブズは、アップル社の製品を、一種の芸術品と考えているのです。

「LISA」に続いて、さらに洗練された「マッキントッシュ」(MAC)を発売して、華々しい成功を収めたジョブズ。製品は世界中に出荷されてジョブズは億万長者になりますが、その後、経営手腕を問われて1985年にアップル社を追放されます。しかしながら、1995年には、ピクサー社のCEOとしてCG映画「トイ・ストーリー」を大ヒットさせ、10年のブランクを経てアップル社に復活しました。

10年のブランクを経て、1995年にアップル社に戻ったジョブズは、以前とは違った経営手腕を発揮します。アップル社は、自社のエンジニアが製品のすべてを作ってきましたが、

「ｉＰｏｄ」からは外部エンジニアを起用して、短期間で精巧な製品を作ることに専念したのです。つまり、自分たちですべてをやるのではなく、外部のリソースを利用しながら自社製品の開発と普及を進めました。

ｉＰｏｄのケースでは、音楽配信システム「ｉＴＵＮＥ　ＳＴＯＲＥ」に楽曲を提供してもらえるように、ジョブズは大手音楽会社を説得しました。ｉＰｈｏｎｅのケースでは、携帯電話会社と粘り強い提携交渉をしています。自力だけでなく他力を利用して、さらなるビジネス展開を可能にしました。それが現在のアップル社の成功につながったのです。

ジョブズの凄いところは、多くの人が望む理想の製品を描き出し、それを妥協することなく高い精度で創り上げることです。たとえば、ｉＰｏｄは、当時発売されていた「ＭＰ３プレーヤー」と機能的にあまり変わりありません。しかし、優れたデザイン、使いやすさ、価格などの合計点で大きく上回っています。さらに大手音楽会社と提携した「ｉＴＵＮＥ　ＳＴＯＲＥ」においては１曲１００円程度で音楽コンテンツを販売するという仕組みを創り上げました。このときアップル社は、デジタル機器メーカーからコンテンツ配信会社へとビジネスモデルを拡大したのです。これこそ、まさに戦略的ビジネスモデルです。きっと彼は「スマートに音楽をいつでも簡単に楽しみたい」という自分の欲望を、新たなビジネスモデルに投影して、戦略を構築したのです。それを現実にやり切るところに、ジョブズの凄さがあります。

全力でやり切る

これがあなたの夢を実現する最低の条件であるとともに、チャレンジするときの最高の姿ではないでしょうか。ジョブズは、まさに自分の欲望をそのまま理想にして突き進む、生まれつきのビジネスプロモーターと言えるかもしれません。私の周囲のビジネスプロモーターたちも、「全力でやり切る」ことに関しては誰にも負けません。皆、「そんなに働いて大丈夫？」というぐらいに働きます。ですが、いつも皆、笑顔で元気……きっと、好きなことをやっているから楽しいのでしょう。だから「全力でやり切る」ことができるのです。

④柳井正（ユニクロ）：「顧客の創造」に徹したビジネスモデル

ユニクロを知らない日本人はいないでしょう。ユニクロは「日本人の国民服」と言われるほどに普及しており、現在も好調な売れ行きを示しています。ユニクロの商品の平均単価は1500円。そこから計算すると、2009年において日本人は8つのユニクロ商品を購入していることになるそうです。ユニクロの目指すところは、ウェブサイトにこのように掲げられています。

「ユニクロは、あらゆる人が良いカジュアルを着られるようにする新しい日本の企業です」

言い替えれば「高品質な普段着を安価な価格で提供する」ということでしょう。ユニクロはまさにそれを実現するために、次のことをしています。

企業の成長と時代の流れに合わせて、ビジネスモデルを進化させています。

このことは、ユニクロの歴史をたどればわかります。創業当初の店名であった「ユニーク・クロージング・ウエアハウス」は「ユニークな服の倉庫」という意味です。それを略して後に店名を「ユニクロ」としました。1984年に1号店を広島に出店。広々とした倉庫のような店で、気楽に服を選べるスタイルで売上を伸ばしました。価格は1000円と1900円の2本立て。当時は衣料品メーカーから仕入れて販売する形でしたが、少しずつ自社で企画製造するようになります。その後、順調に多店舗展開を進めて1994年には広島証券取引所に、1999年には東京証券取引所1部に上場します。

メーカーから仕入れるのではなく、自社製作の衣料品を販売するSPA（製造小売業）に本格的に移行するのは1997年前後。自社製作により商品内容と価格を、ユニクロが完全にコントロールします。1998年には、ユニクロの代名詞とも言えるフリースを発売。爆発的ヒットで一大ブームとなります。1998年8月期に831億円だった売上高は、2001年8月期には4185億円と3年で約5倍の伸びを示します。

しかしながら、２００２年には３４１６億円と売上減に苦しみます。同じ頃、新規事業としてスタートした野菜などの食品を販売する事業「スキップ」は、３年で黒字化できずに２００５年に事業中止。さらに同時期、イギリス・ロンドンに21店出店するも15店撤退。ここでユニクロは〝フリースの一発屋〟で終わるかと思われたのですが、そこから復活します。

復活する力となったのが、２００２年のユニクロデザイン研究所の設立や２００４年のニューヨークのユニクロ・デザイン・スタジオの設立です。デザイン力を高めることによって、新たな顧客の創造を試みます。その結果、企業やデザイナーとのコラボレーションによるＴシャツを発売して、ユニクロＶ字回復のきっかけを作ります。

柳井社長は、デザインの向上を進める一方、素材開発を進めます。２０００年から東レとの共同開発を進めていましたが、２００６年に正式に業務提携します。共同開発の結果、２００７年に保温性の高い機能性インナー「ヒートテック」を発売。２００８年には２８００万枚、２００９年には５０００万枚販売というユニクロ最大のヒットとなります。

２０１０年の売上高は８１４６億円と好調。柳井社長は２０２０年の目標を売上高５兆円、営業利益１兆円としています。ここでユニクロの創業からの流れをまとめてみましょう。

＜ユニクロ　創業からのトピック＞

1984年	1号店出店
1997年	SPA（製造小売業）へ移行
1998年	「フリース」を発売開始 この年の売上高は831億円
2000年	東レと素材の共同開発開始
2001年	「フリース」の爆発的ヒットにより売上高4185億円 イギリス・ロンドンに21店舗進出
2002年	「スキップ」というブランド名で食品事業開始 ユニクロデザイン研究室設立
2003年	イギリス・ロンドンの店舗は6店舗まで縮小 売上高3097億円で底を打ち、以降、順調に伸長
2004年	ニューヨークにユニクロ・デザイン・スタジオ設立
2005年	「スキップ」３年で黒字化できず事業中止 衣料品・靴メーカーなどの事業買収を本格化
2006年	東レと業務提携して素材の共同開発本格化
2007年	東レと共同開発した素材を使用した「ヒートテック」発売
2008年	「ヒートテック」2800万枚の大ヒット
2009年	世界的デザイナー・ジル・サンダーとコンサルティング契約 「ヒートテック」5000万枚販売 売上高6850億円
2010年	売上高8148億円

1984年の1号店は一般的な小売店でしたが、その後には製造まで手がけ、1998年にはフリースを大ヒットさせます。その後、食品事業と海外進出に失敗。同時期からデザインの向上と素材開発に注力を始めます。2007年には素材開発から行った「ヒートテック」を発売して翌年大ヒット。引き続き売上を伸ばして、2010年8月期の売上高は8418億円と好調。海外進出を本格化しています。

このように見ていくと、失敗を糧にして、そのとき市場が要求していることを的確につかみ直し、前へ前へと積極的に進んできたユニクロの変化がわかります。これは柳井社長が学んできた経営者の指針によるところが大きいようです。柳井社長が考えた経営理念の第一条を見てみましょう。

「顧客の要望に応え、顧客を創造する経営」

柳井社長が愛読するのは、ピーター・ドラッカーの著書。「顧客の創造」という言葉は、ドラッカーの著書『現代の経営』に登場したものです。そこには、こう記載されています。

「企業の目的の唯一の定義は『顧客の創造』である」

市場を発掘し、新しい顧客を作り出す。それをドラッカーは「顧客の創造」と定義しました。「顧客の創造」について柳井氏は著書『わがドラッカー流経営論』で次のように述べています。

「『顧客の創造』というと難しく聞こえますが、企業は自分たちが何を売りたいかよりも、お客様が何を求めているのかを一番に優先して考え、付加価値のある商品を提供すべきである、ということを、この言葉は意味しています」

フリースの大ヒット後、一時は飽きられた感もあったユニクロですが、デザイン性と品揃えを向上させ、その質の高さと値頃感によって、根強いファンを作り出しました。ヒートテックはあらゆる年齢層の男女のファンを創り出しています。柳井社長が考えてきたことは次の2点です。

顧客以外の人がなぜ買わないのか。顧客にもう1枚買ってもらうためにはどうしたらよいのか。

買ってくれない人に、買ってもらうためには何をしたらいいのか、と考えて、商品に新たな魅力、付加価値をつける工夫をします。また、現在の顧客に、もう1枚買ってもらうにはどうしたらいいのか、と考えて、価格や販売方法を検討します。とてもシンプルなことですが、まさに商売の基本です。この2つの問いを続けることによって、新商品の開発、売れる店舗作りができるのです。

柳井社長は、このシンプルな問いを続けて、現在のユニクロを作ったと言ってもいいでしょう。シンプルな問いに正しく、それも素早く答えた結果です。顧客のニーズに素早く対応して、時代の流れを読みながら顧客の嗜好を先取りしたのです。1991年に社名を「ファーストリテイリング」に変更しますが、その意味は「速い小売業」。柳井社長の頭の中には、顧客の求めている商品を速く商品化し、速く提供するというイメージがあったのでしょう。

他社がユニクロをマネできないのはなぜでしょうか。その理由の1つは、市場のニーズを素早く吸い上げて商品化していくこと。もう1つは、独自技術による新商品開発です。それらを実現するために、素材開発、製造、品質管理、流通、販売というサプライチェーンのすみずみまでを丁寧にチェックして練り上げています。それら全体の質の高さが融合して、現在のユニクロを作り上げているのです。だからこそ、この不況下においても、抜きん出た実績を残しているわけです。企業の成長と時代の流れを見ながら、素早く判断して次の手を打ち、ビジネスモデルを柔軟に進化させていく柳井社長。10年後に売上5兆円を達成したユニクロを見てみたいものです。

⑤ 徳川家康（戦国武将）：人々の心理を読み切った交渉術

徳川家康の手紙を読んだことがありますか？「家康は、手紙で天下を手に入れた」というと言い過ぎかもしれませんが、その手紙は、天下分け目の決戦「関ヶ原の戦い」の前に、大きな役割を果たしました。その手紙による家康の交渉術を中心にお話ししましょう。

日本で初めて天下統一したのは豊臣秀吉でしたが、ご存じのように一代で終わってしまいました。その後、関ヶ原の戦いで勝った徳川家康が、２００年続く安定政権を築きます。「豊臣家に尽くしたい」という大名は大勢いたのですが、豊臣家は続きませんでした。その理由の1つは、徳川家康の情報戦略にありました。

関ヶ原の戦いの前、豊臣家を守ろうとする石田三成を中心とした西軍は８２０００人。一方、徳川家康が率いる東軍は７５０００人。ほぼ五分の戦いです。もちろん、両軍とも味方を増やしたいので、有力な武将たちと交渉します。当時は、手紙で武将を説得していました。各武将は、もし負けるほうについたら一家離散、もしくは処刑されてしまいますから真剣です。行く末を見定めて、どちらにつくか決めます。その選択を大きく左右するのが、両軍からの手紙です。

石田三成からの手紙には「豊臣家への忠誠」について書かれています。「豊臣家から多くの恩恵を受けましたね。それを裏切ったら、秀吉様に申し開きができるのですか」というような内容です。

一方、家康の手紙には〝具体的なオファー〟がありました。「もし、味方になってくれたら、九州の土地を進呈するので治めてください」というような内容です。また、「大義名分があるかもしれないが、戦争のない国を作るためには本当に力がある人間がトップに立つべきだ」という言葉も書いてあります。「豊臣家への忠誠」という抽象的な言葉ではなく、具体的なメリットが論理的に書いてある家康の手紙に、各武将は心惹かれたのです。

この時期、家康は約１４０通の手紙を武将に送っています。１１０人ほどの武将に送っており、そのうち１００人が家康の味方になったということです。家康の手紙に説得力があったことがわかるデータですね。

特に大きな役目を果たしたのが、「小山会議」に福島正則をうまく呼び寄せた手紙です。家康が会津征伐に向かっていたとき、石田三成が、京都で決起したのを聞きます。そのとき、武将を集めて、栃木県南部に位置する小山で開催した話し合いが「小山会議」。ここで秀吉の重臣で最も力があった福島正則の動きが、全武将の動きを左右します。そこで家康は、軍勢を率いて宇都宮にいた福島正則に、小山に呼び寄せる手紙を書きました。その手紙の内容をわかりやすくすると以下のようなものです。

「**宇都宮までの進軍、ご苦労さまです。**
この度、京都のほうで石田三成が決起しました。
そちらの部隊は、宇都宮に止めていただいて、小山のほうまでお越しください。
詳しいことは黒田長政から話があるでしょうから、ここでは詳しく記しません」

このとき、家康が詳しく状況を書いていたら、家康が天下を取る意図が伝わってしまって、福島正則は来なかったでしょう。**「ここでは詳しく記しません」**という言葉によって、福島正則は興味を惹かれて断れなかったのです。この後、黒田長政がうまく福島正則に話して、家康に味方するように説得します。大事なところを書かずに、福島正則に興味を持たせて単身で来させたことが「小山会議」を有利に進めたのです。

「小山会議」の席で家康は、武将たちに向かって「三成につくも自分につくも皆の自由である」と言います。すでに黒田長政から説得されていた福島正則は、「これは豊臣家の名を借りた三成の私戦であります」と発言。この福島正則の一言によって、豊臣家に縁故のあった武将たちの心が家康に傾きます。

それに続いて山内一豊は「私は、命も家も家康様にあずけます」と述べたことから、各武将もそれに従います。関ヶ原の戦いの後、山内一豊は、この一言によって土佐藩という大きな領土をもらい受けましたから、この発言の影響力の大きさがわかります。このときすでに、家康は勝利を手にしていたという歴史学者もいるぐらいです。福島正則への手紙から山内一豊の発言まで、家康の思惑以上のストーリーで進んだわけです。

その後、多くの武将と交渉しますが、それらの交渉を家康は緻密に進めます。西軍の小早川秀秋が「徳川側につきたい」という申し入れを家康にしますが、家康はそれを一度、無理をして断ります。それによって「小早川軍の支援が必要ないほど、家康側は軍勢がいるのか。家康は十分勝てる自信があるようだ」という噂が流れます。この噂によって、悩んでいた武将の心が、家康にさらに傾くことになるのです。実際には開戦後、小早川秀秋は、西軍を裏切って家康の東軍に味方します。これがきっかけとなって、家康に味方する武将が増えて、家康の勝利が確定したのです。

家康の手紙、交渉術は実に巧みです。若い頃から苦労が多かった家康だからこそ、人の心を読む術に優れていたのでしょう。

自分の言葉で、相手がどのように考えるのか。

自分の言葉が、どのように世間に広がっていくのか。

この2つのことを十分に考えた後、家康は発言しています。家康は、武力を背景にしながら、その交渉力によって天下を入手したのです。当たり前ですが、一国を治める人物には、人をうまく説得できる交渉力が必須です。それは企業経営でも同様です。戦国時代の武将が、ビジネス雑誌などで採り上げられるのは、そのような分析力、交渉力、状況判断力などが経営に役立つからでしょう。

⑥カーネル・サンダース（ケンタッキー・フライド・チキン）：フランチャイズの生みの親

ケンタッキー・フライド・チキンはお好きですか？　誰でも、一度は食べたことがあるのではないでしょうか。それから、店の前にいる白いヒゲをはやした、白いスーツを着たおじいさんの人形もご存じですよね。ケンタッキー・フライド・チキンの創業者「カーネル・サンダース」です。白いスーツは、ケンタッキー・フライド・チキンを宣伝するために、フランチャイズ店でさまざまなイベントをした際に着用したものだそうです。あの姿を見ると幸福そうなおじいさんに見えますが、若い頃のサンダースの人生は厳しいものでした。

6歳で父親が他界。15歳まで幼い兄弟の世話をしながら学校に行きます。この頃、食事を作るのが上手だったといいます。生活の苦しさなどから、年齢を詐称して16歳で軍に入隊。軍隊を出てからは消防士、保険外交員、ガソリンスタンド店員など数々の仕事を経験します。40歳のときに、ガソリンスタンドの一角で小さな食堂「サンダース・カフェ」を始めたところ、とても繁盛します。規模を拡大しながら、経営は25年もの間うまくいきました。しかし、店の近くに高速道路が開通したために、人の流れが変わって客が激減。65歳のサンダースは途方に暮れますが、すぐに立ち直り、新たなビジネスを開始します。

最も自慢としていた料理……11種類のスパイスと圧力釜で作るフライド・チキンを作りながら各地を営業したのです。その調理法を教えて歩合をもらうアイデア商法を考え出します。これが世界初のフランチャイズ方式。独自のノウハウを教えて、その代わりにロイヤリティを得る方式です。サンダースは、自分が持つノウハウを売るところ……フランチャイジーを探します。しかし、そう簡単に契約してくれるレストランはありません。

実際には1年目で7件のレストランと契約しました。ここから「ケンタッキー・フライド・チキン」の歴史が始まります。4年後の1960年にはフランチャイズ店は600を越え、2008年12月末には、105カ国に15580店まで伸びています。日本は世界で3番目に店舗数が多く、2009年11月末の数字で1137の店舗があります。

なぜ、サンダースは65歳にして、フライド・チキンによるフランチャイズを考えついたのでしょうか。65歳のサンダースが持っていたのは、繁盛しなくなったレストランと少しの年金、そして、最も自信のある料理「フライド・チキン」だけでした。この料理はアメリカでは珍しくはありません。ただし、サンダースのフライド・チキンは、11種類のスパイスを用いており、3日がかりで教えなければ料理方法を習得できないものでした。彼は、このフライド・チキンに絶対の自信を持っていました。その自信が、フライド・チキンのノウハウを売るアイデアにつながったのです。

カーネル・サンダースが人生を通して貫いたことは次のことです。

「他の人に喜んでもらうことを生きがいとしていた」
「人間が好きで、いつも誰かの役に立つことを考えていた」

カーネル・サンダースは、慈善家としても有名です。莫大な寄付を多くの団体に行いました。フライド・チキンで成功する前にも、無理をしてでも寄付した話が伝わっています。孤児院がつぶれると聞いたサンダースは、自分の預金よりも大きい額を小切手で寄付してしまったそうです。そのときは幸運なことに、多くの客がサンダース・カフェにやってきて不渡りを出さずに済みました。

サンダースの功績は、フランチャイズ方式を考えただけでなく、システムまで創り上げたことです。キッチンの構造、料理道具、食事の作り方、接待方法などを統一してシステム化したのです。清潔な空間でおいしいものをスピーディーに提供することに徹しました。理想のフライド・チキンをお客様に届けるという信念が、フランチャイズ方式の基本を創り上げたのです。フランチャイズ方式という新しいビジネスモデルを打ち立て、世界に1万5000店を越える店舗を出したサンダースは、90歳まで働き続けて亡くなります。

「自分が作ったおいしいものを皆さんに食べてもらいたい」という一心から始まった事業が、世界中に広がったわけです。

高速道路の開通がなければ、ケンタッキー・フライド・チキンはなかったことを考えると、何が幸運のきっかけかわからないものです。ただし、その幸運をつかむことができたのは、高い理想と強い信念があったおかげでしょう。

⑦ ビル・ゲイツ（マイクロソフト社）：一貫したビジネスモデルと最先端技術の取り込み

ビル・ゲイツは、世界で最も有名な経営者かもしれません。２００９年におけるゲイツの資産総額は約４兆７０００億円。この年にはフォーブス誌の長者番付で2位ですが、２００7年まで13年連続で1位を獲得しています。ゲイツは、マイクロソフト社の社長として、パソコンＯＳ「ウインドウズ」とアプリケーションソフト「ワード」「エクセル」などを開発して、世界中に販売しました。

ゲイツのビジネスにおいて、最も重要なのは、ビジネスの最初からソフトウェア1本ずつのライセンス料を請求していたことです。この契約がゲイツを、世界一の大富豪にしたと言っても過言ではありません。パソコンが世の中に登場した頃、１９８０年代初めには、開発したソフトウェアを一括販売してしまう会社も多くあり、１本ずつのライセンス料を請求したビル・ゲイツは先見性があったのです。

実際には、コンピュータの巨人であるIBM社を相手にして、MS-DOSというパソコンOSについて1本ずつのライセンス料を請求する契約をしたのです。これがゲイツの成功の始まりです。IBMが、パソコンOSを必要としていたとき、ゲイツはパソコンOSの開発経験がないにも関わらず、それを受注する契約をしたといいます。それから、パソコンOSを開発していた会社から権利を購入し、それを改良してMS-DOSというパソコンOSをIBM社に提供したのです。将来性があると見れば、すぐに行動に移すところがゲイツの凄いところでしょう。

しかも、MS-DOSをIBM以外の企業にも販売する契約を結びました。この契約によってマイクロソフト社は大きく飛躍することになります。IBM-PCと呼ばれる互換機が世界中で販売されるようになり、MS-DOSは莫大な売上を上げます。逆にIBM社にとっては誤算でした。MS-DOSを一時しのぎと考えていたIBM社は、独自のパソコンOSを開発しますが失敗します。その結果、マイクロソフト社の「ウインドウズ」が、パソコンOSの主流を占めるようになるのです。

ちなみにウインドウズの基本設計はマックＯＳに類似したところがあり、一時は訴訟にもなりました。法律上の問題は別として、ウインドウズは、マックＯＳを参考に設計されたようです。その点、ゲイツはちゃっかりしており、周囲に利用できるものがあれば、すべて利用しているのです。

１９９５年に発売した「ウインドウズ95」が爆発的にヒットしました。それ以降、マイクロソフト社のパソコンＯＳのシェアは高まり、現在においては世界のパソコンの約９割にウインドウズが搭載されています。残り1割弱をマックＯＳやその他のＯＳが分け合っているのです。２０１０年のパソコン生産台数は約3億５０００台で、その９割の約3億１５００万台にウインドウズが搭載されていますから、マイクロソフトの莫大な収入が計算できるでしょう。驚くべきは、その利益率が少なくとも5割を越えていることです。ＯＳだけでなく「ワード」「エクセル」「パワーポイント」などのアプリケーションソフトウェアも各分野でナンバーワンであり、大きな売上を上げています。ゲイツが世界一の富豪になるのも納得できます。

ソフトウェア1本ずつについてのライセンス契約というビジネスモデルを貫き、ヒット製品を見つける眼力と素早い決断力によって、ゲイツはマイクロソフト社を大きくしました。その点において、ビル・ゲイツは優れたビジネスプロモーターです。そのとき最も必要とされるものを見つけて、それを市場価値の高いものに変換して人々に配布したわけです。マイクロソフトは、世界市場という無限に近い市場に向けて、現在もその売上を拡大しています。ITという浮き沈みの激しい市場において、常勝将軍であり続けるゲイツは、最強のビジネスモデルをベースにして世界有数の企業を創り上げたのです。

⑨ ビジネスプロモーターは売上を極限まで拡大する

この章では著名な起業家たちを紹介してきましたが、彼らを調べていると多くの失敗を重ねてきたことがわかります。世の中には優れた才能、技術、商品、サービスが数えきれないほどありますが、ほとんどが世に出ることなく、存在すらも知られないまま消えてしまっているのです。その主な原因は、優れた才能、技術、商品、サービスを世に出す……つまり、売り出す能力を持っていないことにあります。

その証拠に現在、日本に存在する企業のうち90％以上が従業員10名以下の中小、零細、個人企業ですが、その中でも利益を出しているのは10％足らずしかありません。優れた点がないわけではなく、多くの企業は、特徴ある技術、優れた商品、人々が欲するサービスを持っているのです。私が見るところ、このような中小企業の方々は、自分たちのビジネスをうまく販売するスキルを持っていません。

もし、売上を向上できずに苦しんでいる中小企業の方々が、ビジネスプロモーターのスキルを身に付ければ、会社の売上を極限まで向上できるでしょう。それだけではなく、そのスキルで、埋もれている才能や技術を持つ人々、または商品やサービスのプロデュースが可能になるのです。そのような流れになれば、才能や技術を持つ人々やその家族も救われますし、それらの商品やサービスを購入した人々にも何らかのメリットを与えることができます。このようにビジネスプロモーターは、新たなビジネスの輪を作って育てることで世の中を活性化できるのです。

優れた才能を持つ経営者や起業家は、自分自身がニーズの高い商品やサービスを持っていなくても、それらを持っている人や組織と協力することで、新たなビジネスモデルを打ち立てます。既存の商品やサービスをプロデュースするなら、商品を仕入れる莫大な資金も必要ありませんし、経験も不要です。ビジネスプロモーターがやることは、人々が欲しがっている商品やサービスを持っている人を探して、それらを売り出すことです。つまり、血行を良くして健康を保つように、商品やサービスの流れを良くして社会を活性化するのが、ビジネスプロモーターの仕事なのです。

第4章ではビジネスプロモーターになるためのステップとテクニックを公開していきます。これはビジネスプロモーターになりたい人だけが活用できるテクニックではなく、自分のビジネスの売上を極限まで拡大させたい人も活用できます。

そのことを踏まえて第4章へとお進みください。

Chapter 4

ビジネスプロモーターの３つのステージと基本力

Business Promoter

①ビジネスプロモーターの3つのステージとは？

ここでビジネスプロモーターの3つのステージを紹介します。3つのステージを理解することで、ビジネスプロモーターの価値をさらに理解できると思います。以下の3つのステージをご覧ください。

●ステージ1：ジョイントベンチャープロデュース……新しいビジネスモデルの立案
●ステージ2：コミュニティービジネスプロデュース……囲い込みからのビジネス展開
●ステージ3：起業型ビジネスプロデュース……ストーリーからの〝戦略構築〟

ビジネスプロモーターは、ステージ1の「ジョイントベンチャープロデュース」、ステージ2の「コミュニティービジネスプロデュース」、ステージ3の「起業型ビジネスプロデュース」と進化していきます。ステージ1で新たなビジネスを生み出し、ステージ2でそれを発展させ、ステージ3では理想のビジネスから発想したストーリーに沿って、ビジネスモデルを立案し、新たな顧客の創造をすることになります。私はステージ3がビジネスプロモーターの最終的な姿だと考えています。ビジネスプロモーターが提案したストーリーに共感する人々が、ビジネスプロモーターの商品とサービスに、それぞれの喜びを見い出して、ビジネスをさらに発展させていきます。

必ずしもステージ1がステージ3より劣っているというわけではありません。ビジネス分野によっても違いますし、人によって目指すところが違いますから全員がステージ3を目指す必要はありません。しかしながら、このようなステージを踏まえて、自分の位置を正確に把握しながらビジネスを進めていくことで、ビジネスモデル、戦略、戦術をベストの形で実行することができるでしょう。それではステージ1から、その内容を紹介していきましょう。

ステージ1 ジョイントベンチャープロデュース……新しいビジネスモデルの立案

ステージ1の「ジョイントベンチャープロデュース」は、才能がある人、専門知識がある人、特別な能力がある人を見つけてプロデュースすることです。私が「犬のしつけ塾」で、犬のトレーナーと獣医師と協力して教室を始めたスタイルです。

ジョイントベンチャープロデュースで成功するためには、業界の常識を打ち破るようなビジネスモデルが必要になります。これは、ビジネスプロモーターの第一歩です。まずは自分ができる仕事で、新たなビジネスモデルを打ち立てることです。何をするにしても第1歩を踏み出すというアクションが必要なのです。

あなたができることはたくさんあります。あなたに資金がなかったとしても、簡単に始められるビジネスがあります。私も資金ゼロからドッグアロママッサージの教室を始めました。お金がなくても工夫次第で新たにビジネスを始められます。たとえば、セミナー、ネット通販などは比較的始めやすいビジネス分野です。第1章で、あなたが選択したビジネス分野を思い出してください。そこから、第1歩が踏み出せるのではないでしょうか。

ステージ2 コミュニティービジネスプロデュース……囲い込みからのビジネス展開

ステージ2の「コミュニティービジネスプロデュース」は、ステージ1で集めた顧客を確保して囲い込んでビジネスを進めます。囲い込んだ顧客に対して、さらに関連する新商品を提供することができます。ここで重要なことは、顧客のプロフィールをつかんでいることです。顧客の年齢、性別、趣味、嗜好などを知ることで、必要としている商品やサービスを知ることができます。それらの情報をベースにして新たなビジネスモデルを立案すれば、ビッグビジネスになる可能性は高いでしょう。

携帯電話会社やツタヤの会員制度のように、名前、住所、電話番号を把握していると理想的です。携帯電話会社は、あなたの名前、住所、電話番号を知っており、好きなコンテンツや移動場所などを把握しています。ツタヤは基本情報のほかに、あなたが好きな映画、歌手、小説などを知っています。そのような情報をベースにして、インターネットのツタヤオンラインでは通販などで新たな売上を上げているのです。そのような情報はなくても、顧客のメールアドレスを持つことで常にコンタクトをとることができれば、会員制ビジネスに近い対応ができます。絶えず顧客とコンタクトをとることで、新たなニーズの動きを把握できる、というメリットがあるのです。

ステージ3 起業型ビジネスプロデュース……ストーリーからの戦略構築

ステージ3の「起業型ビジネスプロデュース」は、ステージ2をさらに発展させたもので、ビジネスプロモーターや消費者が考えるストーリーと商品が結びつく形になります。ストーリーに共感する人々と、商品やサービスが持つ特性が結びついて固い絆を作るのです。つまり、ただ単に生活に必要というだけではなくて、より良い生活をするために〝絶対必要〟というほどニーズが高くなります。

私の仕事は営業から始まりましたが、そのときから商品に関するストーリーを人々に伝えることに徹してきました。私が語ったストーリーが、人々の生活にぴったりと当てはまったとき、商品やサービスを買ってくださいます。たとえば、化粧品を買うときには、「化粧品の成分が肌にしみ込んで、肌にうるおいを与えてキレイに見えるようになる。それで人々から賞められる。そのうち彼氏ができる。彼氏とデートしていると皆が羨望の目で私を見ている」というストーリーを頭の中に描いているのです。これは簡単な例ですが、そのようなストーリーは人間にとって大切なものです。生き甲斐と言ってもいいかもしれません。そのようなストーリーに基づいた消費活動は、とてもモチベーションが高いものになるでしょう。

ステージ1では、ビジネスが飛躍的に拡大することは期待できません。どちらかというと単発的な売上モデルになります。しかし、ステージ2になれば、あなたは顧客の姿をとらえられますから、そこからビジネス展開が容易になり、売上向上のチャンスをつかむことができます。さらには、継続的な収入を生み出してくれるビジネスの構築が可能となります。ステージ3では、顧客層を核にして戦略を立てて、いくつかのビジネスモデルで多様な販売チャネル、多様な顧客層をターゲットにしたビジネスを進めることができます。これによって、場合によっては数十億~数百億円のビジネスを作ることも可能となります。

つまり、ステージが進むごとに〝無限のビジネス〟に近づいているのです。あなたが、起業家もしくはビジネスマンであるなら、ステージ3を目指して新しいビジネスモデルを作り、戦略と戦術を駆使する方向を目指すべきです。

② ビジネスプロモーターの基本力

ビジネスプロモーターの仕事において大切な能力は、企画力、集客力、販売力、交渉力、統率力、管理力です。特に企画力と集客力は、ビジネスプロモーターには欠かせない能力です。突出したビジネスモデルを持ち、人々を集める力があれば、何も怖いことはないと言っても過言ではないでしょう。ここでは、ビジネスプロモーターの最大の仕事である企画と集客の２つを中心に、ビジネスプロモーターに必要な能力を鍛える方法やノウハウについて紹介します。

❶企画力　独創的な企画を立てるためのエクササイズ

ビジネスプロモーターにとって最も重要なのは企画力。言い替えれば、新たなビジネスモデルの立案です。新たなビジネスモデルを考え出すには、一度、頭をまっさらにして常識という偏見をなくさなくてはいけません。常識を頭の中から一掃して、新たに考え出すのです。

それではここで、ちょっと頭の体操をしてみましょう。次の問題を考えてください。

「あなたは川岸に立っています。川幅は5メートル。川を渡りたいのですが、あなたは1本の鉛筆しか持っていません。その1本の鉛筆を使って、足を濡らさずに渡ることができますか。その方法を考えてください」

さあ、どうですか。わかりましたか。

ヒントを出しましょう。

鉛筆にもいろいろあります。どんな形をしているでしょうか。何でできているのでしょうか。どんな色をしていますか。大きさはどうでしょうか。さあ、いろいろ考えてみましょう。

常識はずれなことを、いっぱい考えてください。答えは次のページにありますから、自分で川を渡る方法を考えたらページをめくってください。

■答えとしては以下の2つが代表的なものです。
「鉛筆が6メートルある」
「鉛筆が船の形をしている」

「それはずるい！」という声が聞こえてきそうです。いろいろな考え方があるのです。常識はずれでいいのです。

鉛筆のサイズは市販サイズと限りません。長さ6メートルの鉛筆なら、それを使えば橋として使えますよね。また、どんな形をしているのかを明確に指示してありません。もし、人が乗れるぐらいの船型の鉛筆ならば、それに乗っていけば対岸に渡れます。

企画力を育てるためには、これまでの常識にとらわれないことです。素晴らしい企画を考えるには、業界のルールを破るような新しい考え方が必要なのです。「何でもあり」で考えます。その後に現実に戻って、規約やルールを考慮します。

それでは、私が日頃試している企画発想法をいくつか紹介しましょう。

Ａ）「なぜ」からの問題解決テクニック

私が、最も使う方法で、多くの経営者が採用している方法です。究極で簡単な方法で、「なぜ」と自らに問い続けます。問題点を1枚の紙に書いていき、それに答えていくのです。頭の中で考えるのではなくて、1枚の紙に書くところが重要です。1枚の紙に書いていくことで全体を見渡すことができます。「なぜ」という質問を繰り返して、それに答えてください。最低7回「なぜ」を繰り返してください。もし、2つの答えがあれば、そこから枝分かれして考えましょう。白紙に順番に書いていくといいでしょう。たとえば、次のように書いてください。

「なぜ、売上が伸びないか？」↓「集客人数が増えないから」↓「営業マンのやる気が落ちてきた」↓「消費者が製品に飽きてきた」

「なぜ、集客人数が増えないのか？」↓「チラシの反応率が下がったから」

「なぜ、チラシの反応率が下がったのか？」↓「内容に変化がない」

「なぜ、内容に変化がないのか？」↓「新しい宣伝材料がないから」

↓「同じ地域に何回も配っている」

「なぜ、新しい宣伝材料がないのか？」↓「新しい企画を出していないから」

「なぜ、新しい企画を出していないのか」↓「良いアイデアが出てこないから」

「なぜ、良いアイデアが出てこないのか」↓「考える機会を設けていないから」

「なぜ、考える機会を設けていないのか」↓「忙しくて時間がないから」


このように質問、回答と掘り下げて追求してください。掘り下げていくことで見えてくるものがあります。次から次へと考えていくと、そのうち、まったく異なった切り口の質問が出てくるはずです。その新しい切り口に解決の糸口があることが多いのです。もし、解決法が見つからないとしても、解決の糸口の近いところまでいけるはずです。

できるだけ手を使って書いてください。マインドマップと呼ばれる、木の枝が分かれて伸びていくような図にすると理解しやすくなります。自分の手で書くことが重要です。その際、すぐに結果が出なくても、書くことによって、あなたの頭の中に質問と回答が刻まれます。

質問と回答、回答と質問との関係が、頭の中で整理されていきます。そのことが重要なのです。時間が経過すれば、脳が自然にそれらの質問を整理してキレイな形にします。本当です。私は何度も経験がありますが、この方法をやった後、意外なときに解決法が頭に浮かぶのです。

B）まったく違うキーワードからアイデア発想

「最も障害になるのは自分」というと不思議な気がします。でも、それは事実。最も手強い相手は自分なのです。だからこそ、最初にお話ししたように「成功者と一緒の時間を過ごすこと」をお薦めしました。あなたの脳は、いつもと同じ道筋、固定観念……つまり、自分の経験してきたことからモノを考えます。それが創造性を発揮しようとするときに邪魔してしまうのです。

いつものワンパターンを打ち破るために私がよく使うのは、まったく違うキーワードからアイデアを考える方法です。たとえば、あなたが書店を経営しているとしましょう。あまりに万引きが多いので、その対策方法を考えたいと思っています。その際に、まったく違うキーワードを出します。たとえば、「保育園」というキーワードを紙に書いてみます。そうして、万引きのことを一旦、頭からはずします。保育園という言葉に対して、連想できる言葉をできるだけ多く書き出してください。

保育園、幼児、預かる、遊び、童謡、鉄棒、ブランコ、体重、身長、保母、遊技

このように書き終わったら、ここから万引きについて考えてみましょう。「これらの単語から発想できる万引き防止になるアイデアはないか？」と考えてください。単語を見てみると「体重」があります。「体重」で考えれば「お客様の体重を入口で計量して、出口でも計量して比較する」というアイデアが浮かびます。自由に発想してください。ほかにもあるでしょうか。「預かる」から「入口で袋やバッグを預かる」という考え方もできます。

このエクササイズを使えば、普段の思考モードから飛躍できます。「万引き」のことを考えるのに「保育園」という関係ない言葉から考えることで、いつもとは違う発想ができるのです。違うキーワードから、ポッとアイデアが出てきたりします。違うキーワードは何でもいいのです。斬新なアイデアが欲しいとき、煮詰まったとき、まったく新しいことを考えたいときに有効な方法です。

C）右脳を鍛える……図と絵と空想

よく言われていることですが、何か新しいものを発想するには右脳を鍛えることです。左脳は言語や数字を扱う論理的な脳であり、右脳はイメージや色などを扱う直感的な脳です。そのため、右脳のほうが左脳よりもクリエイティブであると言われています。

右脳を動かすスイッチを入れるためには、図や絵で考えることです。絵を描くだけで右脳のスイッチが入ります。何か悩んだら絵を描いてみます。絵を描けない場合は、左脳が使われている可能性が高いのです。絵を描き始めると右脳が動きますから、発想が出るままに描きましょう。全体的、直感的に問題点をとらえられるようになるはずです。そうすれば、問題点を見る視点が変わり、新しいアイデアが出やすくなるのです。

D）創造力とは結びつけること

第3章で紹介したデジタルの開拓者、スティーブ・ジョブズは、次のようなことを言っています。

「創造とはものごとを結びつけることに過ぎない」

とても簡単な言葉ですが、ジョブズが言うと説得力があります。確かに、世の中には、まったく新しい商品やサービスはないと言ってもいいでしょう。何かと何かを結びつけたり、何かを変形させたりすることで新しい商品やサービスが生まれます。たとえば、携帯電話とパソコンを足してみると「iPhone」になるわけです。

ジョブズが言うように「創造とはつなげること」なのです。記憶を編集、加工することによって「創造する」ことができるのです。つまり、創造力は記憶という〝母〟から生まれます。

重要なことは必要な情報を集めて、一度それらの情報を記憶の中に収めてから、情報をシャットアウトしてじっくりと考えてみることです。多くの人は情報だけを集めて「何も生まれない」と言っているようです。そこで、リラックスして「記憶たちを遊ばせる」ようにして考えてみましょう。思い出すようにして創造するのです。そのコツをつかめば次々と新しいビジネスモデルを打ち立てることができるでしょう。

❷ 集客力 ターゲットを的確に絞り込んで人の心に入り込む

ビジネスプロモーターにとって企画力と同じくらい重要なスキルが「集客力」。一口に集客と言っても、さまざまなパターンがあります。商品やサービスによってターゲットとする顧客が違います。法人か個人でも違いますし、性別、年齢層によっても大きく変化します。

それから、集客に使うコミュニケーション・ツールによっても違います。テレビCM、ラジオCM、新聞・雑誌広告、チラシ、ダイレクトメール、ネット広告、メルマガ広告、FA

Xなど、さまざまなツールがあります。**このようにターゲットとする顧客層やコミュニケーション・ツールはさまざまですが、基本的には相手の心に訴えるということでは変わりはありません。**そこには1つの基本パターンがあります。それを自分なりに応用しながら何回か実践してみれば、集客のコツをつかむことができるはずです。そうなれば、誰でもコストパフォーマンスの高い集客が可能になります。

A）プレスリリースによるマスコミ集客法

温泉旅館「夢乃井」を経営する吉井雅康さんは、プレスリリースによるマスコミ集客法については日本一といってもいいでしょう。私が企画するセミナーでは、マスコミ集客法など宣伝・販売に関する講師として活躍してもらっています。実は、私が最初、マスコミ集客法を吉井さんに紹介したのですが、吉井さんはすぐに実践されて大きな成果を上げるようになったのです。1回のプレスリリースを出して、結果的にわずか3日間で1万8000人の予約をとったことがあるのです。売上で言えば3億円。1円も費用をかけず大きな成果を上げたのです。

プレスリリースを出してテレビや雑誌などのメディアに採り上げてもらえば、高い宣伝効果があります。その2次利用ということで、メディアに採り上げられた実績を広告やホームページに載せることで信頼を得られます。メディアに出たときの瞬発力もありますが、それ以降にも利用できるメリットがあるのです。

それでは、吉井さんが実際にマスコミに採り上げられたケースをお教えしましょう。その一つは「子供手当支給開始。しかし、予定の半分」という2010年6月のニュースに絡むものです。吉井さんの旅館「夢乃井」では、子供手当の支給にちなんで、お子様の宿泊料金をご両親に決めてもらう「あなたが決めるお子様の宿泊料金！」というプランを作りました。「子供手当支給」は大きなニュースでしたので、このプレスリリースをメディアに配信したところ、NHKが取材に来ました。また、毎日新聞、神戸新聞にも掲載されました。子供手当と宿泊料金という組み合わせが、メディアの関心を惹いたのでしょう。おかげで多くの問い合わせがあり、予想以上のお客様が訪れたそうです。

それでは、私がいつも使っているプレスリリースのスタイルをお教えしましょう。ファクスで流しますので白黒で目立ちやすいスタイルにします。A4用紙1枚に収めます。左上にはニュースリリースと大きな白抜き文字。見出しは上の真ん中に「子供手当半額支給」とさらに大きく目立つように表示します。

文章は、子供手当の支給の話から始めます。それが半額支給になったことについての感想などを書きます。それにちなんだ企画であること、現在人気の企画であることを伝えて興味を持ってもらいます。もちろん、企画内容をはっきりと説明します。

それから、旅館について紹介します。記者の方の興味をそそるように、客観的な意見を入れるようにします。大切なことは、あくまでも地域貢献の一環であるということを強調すること。「今回の企画で、地元経済を活性化させたいと思っております」というような一言を入れるべきです。

プレスリリースが完成したら、さっそくファクスしますが、プレスリリースの内容に合った日時に送ってください。その内容に最も合った日時があるはずです。新聞の地方版なら、その紙面にファクス番号などの連絡先が掲載されています。テレビ局の連絡先は、新聞のテレビ欄の上に掲載されています。わからないときは電話すれば必ず教えてくれます。

■ 吉井さんが実際に送ったプレスリリース（2010年5月18日）

報道用資料

News Release

平成22年5月18日
詳しいお問い合わせは
夢乃井　吉井まで079-336-1000

子供手当半額支給？？

それならご両親で金額を決めましょう！！

（子供の宿泊料金はあなたが決める！！）


兵庫県、姫路市にあるのどかな田園に囲まれたとある温泉地が、新たに企画したプランが人気を呼んでおります。子供手当が支給されますが、なんと支給予定額の半額…？？話が違うじゃないか！！

そんな気持ちを、満たす企画、ご両親が子供さんの宿泊料金を決める、という企画が、人気になってます。


今回、企画をした温泉地は、塩田温泉郷の『**姫路ゆめさき川温泉**』です！！夢前（ゆめさき）という地名の通り、夢が溢れるように湧き出る温泉を、楽しんでいただいております。この夢が溢れる温泉地が家族の喜びをより、実現させる為、子供手当をより有効に使っていただく為に、企画をしたところ、予約をされるお客様が急増中です。

お得意様のお客様からは、子供手当を有効に使う為に、自分で子供の宿泊料金を決める事が出来て楽しいし、家族のきずなを深める事が、自分の納得価格で宿泊できると噂が噂を呼び、お得意様をはじめ地元の方々にも波及しております。

企画内容
お子様の宿泊料金はお客様が決めていただきます。（1円の価値ならそれでもOK！！）

お子様の宿泊料金、通常1泊2食付き　お一人様8,025円（税込）のプランです。

大人の料金は通常価格15,900円(税込)になります。

ご利用いただけるお子様のご人数は1家族につき3名のお子様までとさせていただきます。

対象期間は平成21年7月16日まで

ご担当記者の方へ

私どもは、不景気と言われている関西経済を少しでも活性化できればと望んでおります。なんとか、この経済状況を、今回の企画で活性化していこうと、思っております。お一組でも沢山のお客様が、この姫路にお越しいただき、少しでも姫路で物を買っていただくキッカケになれば、地元の経済に大きく貢献できると思っております。

是非、このような思いを皆様に、お伝えすべくご協力をお願い致します！！

報道関係者様のお問い合わせ
(有)三晃商事　夢乃井庵　夕やけこやけ　吉井(079-336-1000)(090-7490-6566)まで。
〒671-2103　兵庫県姫路市夢前町前之庄187　(有)三晃商事　夢乃井

もう1つ、吉井さんがプレスリリースで成功したケースを紹介しましょう。それはノーベル賞に関するものです。２０１０年10月、鈴木章・北海道大名誉教授と根岸英一・米パデュー大学特別教授がノーベル賞を獲得したニュースが流れましたが、それを吉井さんはビジネスに結びつけました。ここで問題です。

〈問題〉

吉井さんは、鈴木氏と根岸氏のノーベル賞受賞のニュースを宿泊プランに関連づけて、ニュースリリースを発信しました。吉井さんはどのような宿泊プランを作ったのか、考えてみてください。

ノーベル賞受賞は大きなニュースです。日本中がそれを聞いて喜びました。誰もが知っています。このニュースと温泉旅館は、どう関係するのでしょうか。２人はどのようにノーベル賞受賞をお祝いするのかなど、吉井さんもいろいろ考えました。さあ、あなたならどのような宿泊プランにしますか。

「根岸さんか鈴木さんという名前の人がグループの中にいたら宿泊料金を半額にします」

つまり、「**ノーベル賞受賞記念：根岸さん、鈴木さん半額値引きプラン**」というわけです。吉井さんは、この宿泊プランのプレスリリースを、ノーベル賞受賞のニュースの翌日に各メディアに発信しました。翌日というところが凄いですね。翌日であればニュースとして採り上げやすいでしょう。「面白い企画をしている旅館がある」ということで、テレビ、新聞などに採り上げられて話題になったのです。絶え間なく問い合わせの電話がかかってきたそうです。

吉井さんは、毎日、ニュースを注意深く聞いて、さまざまなことにアンテナを張っています。少しでも気になったらメモをとるそうです。後でメモを見返すと、ニュースを聞いたときには思いつかなかったアイデアが生まれることがあるそうです。メモの組み合わせによって新しい企画が生まれます。毎日、面白いニュースはないのか、使えるニュースはないのか、と考え続けることによってプレスリリースになる新しいビジネスプランが生まれます。「ニュースを聞いてメモをとる。それを毎日見て考える」ということを繰り返してください。

吉井さんは、週に1回以上、プレスリリースを送るくらいのペースで実践しています。吉井さんの場合は、すでに各メディアの記者と知り合いになっていますから、ときには記者から「何か面白い企画はないですか？」と聞いてくることもあるそうです。

吉井さんは、アイデア豊富で、実にうまくプレスリリースによるマスコミ集客法を展開されています。「吉井さんのところは有名だから」「旅館・ホテルの総合ウェブサイト『一休』で上位にあるから」という人もいますが、そうではありません。吉井さんが自分から本気で仕掛けているからメディアが採り上げるのです。宿泊業だから参考にならないということもありません。そこから応用して、あなたらしいプレスリリースを出してみてください。

B）ネットマーケティングの基本はトータル戦略

インターネットによる集客で私が参考にしているのは、現在2社を経営している神原翔吾氏の手法。神原氏は、私のセミナーに参加してくださった方で、現在は私のビジネスパートナーでもあり、最も信頼している友人の1人です。参考に彼のプロフィールを簡単に紹介しましょう。

大学生の頃、コンピュータを専攻していた神原氏は、プログラム言語を7種類習得して、普通の人の10倍という驚異的なスピードでプログラミングしたといいます。天才と呼ばれており、学生でしたが講師として教えていました。その後、中国電力の仕事を始めとして、ネット系のベンチャー企業、大手広告代理店などで数年間修行を積み、ネットマーケティングを体得。そこに独自の理論と経験を組み合わせて、事前に売上予測できるＩＤＳマーケティングという手法を完成させました。

これまで８００社を越える企業を相手にコンサルティングしており、その成功率は90％以上。驚異的な成果を上げています。広島のＮハウスという住宅会社のケースでは、当初、インターネットからの売上が0円でしたが、神原氏が担当してからは年間40億円の売上になりました。ウェブサイトにおける商品の見せ方、売り方などを大幅に変更して、ネットマーケティングのツールを駆使して多くの顧客を惹き付けたのです。普通では考えられない、驚くべきコンサルティング結果です。

神原氏は、ＩＴ全般についてトップクラスの知識と技術と実績を持っています。特にウェブサイト構築、ＳＥＯ（検索エンジン最適化）、ＰＰＣ（検索連動型広告）、メールマーケティング、ビジネスブログ、ツィッターなど、ネットマーケティングに関する最先端知識とノウハウに通じています。私が神原氏から学んだことをベースに、インターネットでの集客で注意すべきことをお話ししましょう。

まず、ウェブサイトを使った集客で気をつけなければならないのは、キレイなページであることと売上が上がるページとはまったく違うということです。もちろん会社のイメージを向上させるためにも、優れたデザインのページであるに越したことはありません。でも、キレイなだけでは売上は上がりません。それにアクセス数が多くても、売上が上がらなければ意味がありません。

ウェブサイトには売上を上げる仕組みが必要なのです。特にウェブサイトは、作ってからが問題です。継続的に売上を伸ばすためには、誰が、どのページに、どのようにアクセスしているのか、というアクセス状況を正確に把握して、ユーザーの動きを読み解かなければなりません。そこから、どの部分を修正していくのかを検討して、絶え間なくウェブサイトに修正をかけていきます。

ウェブサイトだけでは集客体制は万全ではありません。メール、ネット広告、ビジネスブログ、ツィッターなど、各種のインターネット・メディアを駆使していくことで相乗効果が生まれます。それらを統合して、ネットマーケティング戦略を構築して1カ月、3ヶ月、半年、1年後の宣伝計画を立てるのです。注意しなければならないのは、ネット店舗をリアル店舗と同様に考えてはいけないこと。ネット環境においては顧客、商品、価格などをリアル店舗と変えるべきです。インターネット独自の見せ方、ブランディング、売り方があるからです。

神原氏がいつも言っているのは、ネットマーケティングをトータルに教えられる専門家がいないことです。SEOの専門家は、検索エンジンに関するコンサルティングしかしません。それはネットマーケティングの1つのツールでしかありません。本当に効果的なネットマーケティングを実施するなら、インターネットに関する各ツールを連動させることが重要です。

多くの会社がウェブサイトで売上を上げられないのは、担当するITコンサルティングが各ツールを連動させたトータルなコンサルティングができないからだそうです。そのため、神原氏は現在、ITコンサルティング会社を相手にさまざまな教育をしているところです。

私が神原氏を信頼している理由は、ウェブサイトを構築する前に集客数と売上高を呈示して、それを実現するところです。神原氏は、インターネットを使ったオンラインの集客法と、チラシや広告という印刷物などオフラインの集客法を合わせてストーリーを作ります。集客に関する活動全体を統括することで、本当に欲しい結果を得ることができます。1人がトータルでネットマーケティングとオフラインのマーケティングを管理していかなくては大きな効果は期待できないのです。

神原氏が得意とするのは、インターネットにおける集客だけではありません。800社を超えるクライアントとの仕事を経て、ターゲットとする顧客を獲得する手法を確立しました。その1つが、次に紹介するターゲットスナイパーです。

C）顧客を絞り込むターゲットスナイパー集客法

神原氏が開発した「ターゲットスナイパー」という集客法の概要を紹介しましょう。神原氏は、すでにこの手法をシステム化していますが、この手法のコンセプトを知っていれば、手書きでも近いことができますし、インターネットを活用して同じような効果を上げることが可能です。その概要を知るだけで、あなたのビジネスの宣伝・販売戦略に役立ちます。それでは、集客をする際に注目すべき2点を頭に入れてください。

①ターゲットとする顧客を絞り込めているか？
②ターゲットとする顧客はどこにいるのか？

集客する際に必要なことは、あなたがターゲットとする顧客を絞り込むことです。それができれば、どこに顧客がいるかを探っていけばいいのです。顧客をうまく絞り込むことができれば、集客はスムーズに行えるでしょう。ただし、ターゲットとしていない顧客が多く集まるケースも多々あります。そのときは柔軟に対応して、ターゲットとする顧客の絞り込みをやり直すことです。①と②を繰り返しながら、ターゲットとする顧客とその居場所の正確さを高めていくのです。これが集客の基本です。

実際に集客を始めると厳しい現実がわかります。たとえば、一般に新聞の折り込みチラシの反応率は0.01%。つまり、1万人に1人が反応するくらいの割合です。10人のお客様を集めるためには、10万枚のチラシを配布しなければならないのです。大変な費用がかかりますね。そのとき、神原氏が開発したターゲットスナイパーを使えば、その反応率を10%まで向上できますから、コストパフォーマンスの高い集客ができます。

それでは、ターゲットスナイパーの概要をお教えしましょう。もし、あなたがすでに顧客をお持ちなら、その顧客リストを使います。名前と住所があれば、どの地域からお客様が来ているのか、をチェックします。顧客リストを見ながら白地図にお客様の住所を落としていくのです。そうすると白地図の上で、顧客がどのように分布しているのかが一目でわかるようになります。その中には顧客が密集している地域があります。できれば、その密集地域を町単位レベルぐらいで把握してください。そこで、その地域だけにスポットでチラシや広告を打ちます。見込み客が少ないエリアに関しては一切打ちません。これがターゲットスナイパーのベースとなる考え方です。

もう1つはターゲットスナイパーによる新規顧客の獲得法。これは誰でも使用可能な国勢調査のデータを使います。たとえば、顧客とするターゲットを渋谷区在住、年収400万円〜500万円、既婚で1人以上の子供を持つ30歳代の男性に絞り込んだとします。それを国勢調査のデータを使って項目別に並べ替えます。それによって、渋谷のどの地域にターゲットが多いかわかります。さらに詳細に見ていくと町単位レベルまでエリアを絞り込めます。それがわかればダイレクトメール、チラシをピンスポットで爆弾のように打っていくのです。

広告を打たなければ顧客が集まりません。まずは集客に投資をしましょう。このターゲットスナイパーの手法を使えば確実に集客することができます。万が一、最初に十分な結果が出なかったとしても、その結果を検証してもう一度ターゲットスナイパーを使えば、2回目からはもっと効果があがります。顧客とするターゲットの絞り込み方法と結果を再検討して、エリアを割り出してください。

集客の成功、失敗に関わらず、必ず結果を検証してください。その検証が集客法の中で最も重要なことです。検証するためには材料が必要です。たとえば、チラシで宣伝したときは、「チラシを持ってきたら10％割引とプレゼント」などのサービスをして回収率を確認して、できれば回収率の高い地域を特定するのです。そのように反応を確実に把握して、それを分析して次の集客につなげるのです。それを繰り返して行うと、あなたのビジネスにとって、最も効果的な集客法が必ずわかるようになります。

集客法について説明してきましたが、具体的手法にはさまざまなものがあります。それらの紹介については残念ながら次の機会にゆずるとして、人の心に訴えるという基本を忘れないようにしてください。特に、マスコミ集客法とネットマーケティングは、比較的少ない投資で大きな効果を期待できる方法です。どのような業種でも可能な方法ですので、是非、トライしてみてください。ターゲットスナイパーは神原氏が独自に開発したシステムですが、商売の基本に沿って作られたものです。ターゲットとする顧客を想定して、その顧客層へのアクセス方法がわかります。その考え方を参考にして、あなたのビジネスに応用してみてください。

Chapter 5

ケーススタディ：ビジネスが飛躍する瞬間を語る

①「業界常識破りのセミナーで地域ナンバーワンの皮膚科医院に」

工藤洋平氏インタビュー：あやし皮膚科クリニック院長

前章ではビジネスプロモーターの企画力と集客力についてお話ししてきましたが、それらを実践したケースを紹介したいと思います。私が主催するボンズアカデミーという経営塾に参加している工藤洋平さんのケースです。工藤さんは、仙台で「あやし皮膚科クリニック」という医院を経営する開業医です。ボンズアカデミーのメンバーとして、私がアドバイスしてきたクライアントであり、弟子でもあります。今では、私が主催するセミナーの講演者としても活躍しています。その率直な語り口が共感を呼んでおり、参加者からの評価がとても高いのです。

工藤さんのケースは、ビジネスプロモーターというよりも医療技術を持つ経営者ということになりますが、工藤さんのマインドはビジネスプロモーターにとても近いものがあります。

今までの常識を破る宣伝方法、スタッフを牽引する意識、関係者への配慮など、ビジネスプロモーターが持つべき能力、手法、意識を工藤さんは持っているのです。そこで今回は、工藤さんにインタビューして、その経験や考え方を掲載することにしました。

インタビューの前に、工藤さんの背景について紹介しましょう。お医者さんと言えば、楽に成功できるイメージがあるかもしれませんが、実際はそうではありません。一般に医者の世界は、大学教授を頂点としたピラミッド組織です。徒弟制度のようなものがあり、おおまかに言えば、その地域の大学教授の意向によって人事や病院の動きが決まります。開業するにしても教授の意向を伺ってから準備する、という面があるそうです。多くの医者は、そのような枠の中で仕事をしていますが、工藤さんは違います。

工藤さんは、35歳という若さで開業しました。普通は学校を卒業して10年以上経過してから、教授から開業のお墨付きがもらえるそうですが工藤さんは、医局から飛び出した「フリーター医師」だったのです。フリーター医師とは、ピラミッド組織からはみ出てしまった医師です。普通、開業は難しいのですが、工藤さんはやり切りました。私は微力ながら、そのアシストをさせてもらいましたので、その経緯を工藤さんへのインタビューでご紹介しましょう。

○医者の常識は、起業家の常識とまったく違っていた

山口友紀雄（以下山口）：工藤さんは皮膚科の医院を始める前は、どのようなことをしていましたか。

工藤洋平さん（以下工藤）：フリーの勤務医として働いていました。それと並行してサプリメント販売、健康事業、医師の派遣事業などでの起業を企画していまして、実行直前までいったものもあります。でも、しっかりとしたビジネスモデルを考えていたわけでもなく、実行するまでには至りませんでした。やはり、思いつきだけではビジネスを始められません。

山口：どのようなきっかけで医院を始めることになったのですか。

工藤：山口先生主催のセミナーに参加したのがきっかけです。そのとき「医院を開業する」というイメージが変わり、他の業種と比較して成功しやすいビジネスモデルであることがわ

かりました。医療業界にいると、医院を開業することが大変なことのように思えます。医者の友人と開業について話せば、「朝から晩までやるのは大変」「人を雇うのは難しい」「疲れてメリットがない」という話になって怖じ気づきます。けれど、すべて当たり前のことです。朝まで晩まで働くのは普通のことですし、経営者なら人を雇いますし、働けば疲れるのは当然です。

山口：本当にそうですね。同じ業界にいると、おかしな常識にとらわれる場合があります。あのセミナーのときには起業家の方々とお話ししましたよね。何を話しましたか。

工藤：起業家の方々は「医院はきちんと経営すれば間違いないですよ。私が医者なら、すぐにやりますよ」と話してくれました。そうすると同業者同士の愚痴のようなものは、たいしたことないとわかります。**やはり、異業種で結果を出している方の意見を聞くのが、とても役に立ちます。**「成功者の半径2メートル以内の空気を吸え」とセミナーで教えてもらいましたが本当ですね。ちょっとした雑談をしていても、すごい言葉が出てきます。それがとても支えになるのです。

山口：あのセミナーで、ほかに開業の参考になったことがありますか。

工藤：マインドセットの面です。大切なのは自己投資をして自分を高めて、多くの成功者に会うことだと思いました。メンターや協力者の存在がなければ、努力を続けられません。1人でやろうとしないことです。自分よりも経験や実績がある方にアドバイスを受ければ、たいていの悩みを解決できますし、さらに成長できます。

山口：マインドセットでセルフイメージは変わりましたか。

工藤：セルフイメージが自然に変化していきました。当初の目標年収は1200万円でしたが、セミナーで学んでからは開業前に2000万円、開業後を3000万円としました。1人で考えていたら、そうはならなかったでしょう。

山口：それから実際に行動が変わったのですか。

工藤：マインドセットが変わってからは、休みなしで働き続けるようになりました。昼間は勤務して、それから当直。当直が終われば昼間勤務する、というような日々を続けました。土日も正月も働き続けました。積極的にもなり、病院で医療セミナーを担当すると宣言しました。それから、働くときは笑顔で、いくら眠くても笑顔で働きました。**過去には「働くと疲れる」と思っていましたが、働くことで「自分の価値を高める」というふうに考えて仕事に注力したのです。**

山口：それはすごい。それを聞いて本当に嬉しいです。それだけ働けば相当、お金も入ったでしょうね。

工藤：そうですね。前は月収40万円でしたが、それが170万円になって年収は2000万円を超えました。でも、このとき考えました……これが勤務医の限界。年収2000万円以上は勤務医では稼げません。「勤務医で3000万円は無理」と体で納得したとき、本気で開業を考えました。やはり上に行きたかったのです。山口先生や講師の方々にアドバイスをいただいて、マインドセットを変えたからでしょう。山口先生を見ていて、1年中働いていて入院していないから大丈夫だろう、と心の支えになりました（笑）。

○優秀な専門家集団に感謝しながら進めた開院準備

山口：いざ、開院の準備を始めると大変だったでしょう。

工藤：考えていた条件は３００坪の敷地で駐車場10台。人口急増地帯で学校も増設しているような土地柄。そうすると2億円近い費用になり、自己資金は数千万円必要。私の場合、自己資金は１００万円。普通なら話にならないけれども、やり切るという意志を持って工夫すればできるんです。

山口：実際、どのように準備したのですか。開業資金などはどうしたのですか。

工藤：１人ではどうしようもないので、優秀な専門家の方々にバックアップしてもらいました。何人かの開業コンサルタントにも会いましたが、とても高額なので断りました。それで税理士、薬剤会社のプロパー、医療機器会社などの方々に協力を仰ぎました。市場調査、需要予測、事業計画書、地主との折衝などにもつきあっていただき、銀行融資についても手伝ってもらいました。

山口：しかし、よくそこまでやってくれましたね。

工藤：今後、取引を続けるという約束をしていたので協力してもらえたのです。それから、自分の友人である若手医師たちが次の顧客になる可能性があります。その点で、自分には価値があるわけです。土地に関しても、地主さんに建物を建ててもらってテナントとして入る方式を採用しました。要望どおりにさせてもらって賃料を月々払うわけです。資金がない人間には良い方法で、銀行からの借り入れも少なくて済みました。だから、手持ち資金が100万円で済んだんです。

山口：取引を続けることや、次の顧客紹介ということがあるにしても、それだけのことを一緒に協力して進めるのは大変なことですよね。

工藤：専門家の方々との折衝で心掛けたことは、いつも笑顔で謙虚に接することと、相手の話をよく聞くことです。医師はつい、自分の知識を自慢してしまうようなところがあるようで、振り返ると自分にも、そういうところがありました。そのことを反省して、常に感謝の心で人々に接するようにしました。具体的には①から④のことを繰り返して行いました。

①相手が車を降りる前から、笑顔になって迎える。

②開口一番に「前回はありがとうございました。おかげで話が進みました」と感謝する。
③ミーティングでは相手の意見をすべて聞いてから、最後に自分の意見を発言する。
④ミーティング後には、メールか電話で感謝の気持ちを伝える。

この私の思いが相手に届いていたようで、開院のときに涙を流してくれた関係者がいました。嬉しかったですね。感謝の気持ちが大事だということを再確認しました。やはり、行動と言葉で伝えることが大事ですね。

○ターゲットスナイパーで集客成功

山口：そういえば、私が開催したセミナーで、メールマガジンの原稿を書くプログラムがありましたね。

工藤：はい。山口先生のセミナーでメルマガ第1号を書くことになったのですが大変でした。その日にメルマガを書き上げて、メルマガの配信会社である『まぐまぐ』に申請するように言われたのです。そういうことは得意ではないので、やめたくて仙台に帰りたくなったのですが、山口先生から『やるんだぞ』というオーラが出ていたので何とか続けました。でも、きつかったですね。うまくいかないので山口先生に相談しました。

山口：たしか「成功しているメルマガを参考にすればいいですよ」と答えましたよね。

工藤：あのときは「あれっ」と思いました。簡単なことだったのです。ゼロから書くのは大変ですが、医療関係の似たようなメルマガを参考にしたら書けたんですよ。とにかく最後までやり切りってメルマガを配信しました。たいした文字数はありませんが、それでも達成感がありましたね。あのとき、すぐに仙台に帰っていたら、今こうしていないでしょう。山口先生の指導のとおり、開業1年前から3本のメルマガで皮膚の病気やケアに関することを伝えました。1本のメルマガは1万部を越えて、皮膚科では日本一になったことがあります。

山口：メルマガだけでなくウェブサイトなどでも集客をしていますよね。

工藤：オンラインではメルマガやブログを使って、「皮膚科医、工藤洋平」の名前をアピールしました。ウェブサイトについては山口先生と親しい神原さんにコンサルティングをしてもらいましたから、「皮膚科」で検索ランキング1位になりました。それで新聞社が取材に来たことがあります。神原さんは、普通なら個人のウェブサイトなどは担当されない方なので本当に感謝しています。実際に、ウェブサイトやブログを見て、私の医院に来る人はたくさんいます。

山口：ターゲットスナイパーを実施されて、事前のセミナーや無料相談会を実施されたのですね。

工藤：神原さんに、ターゲットスナイパーのシステムを使って、ターゲットとする顧客の割り出しなどを行ってもらいました。ターゲットは、子育て世代の女性。実際、エリアにいる顧客数やその詳細な地域がわかります。無作為だと何十万部になりますが、その結果を用いたので数万部のチラシで効率的な集客ができました。

◯業界掟破りのセミナーと無料相談会を実施

山口：医院の開院準備でセミナーや無料相談会を実施したそうですが、それは異例なことだったそうですね。

工藤：そうなんです。セミナーは事前に5回、無料相談会は開院前の内覧会のときに開催しました。どちらも開催する際には、業界関係者から反対がありました。「開院前にセミナーをやるとは、あの新しい医者はおかしい」と医師会の人たちが反感を持つと注意されたのです。でも、「顧客は誰か？」と考えると地域の患者さんです。医師会などではありません。そう考えれば、顧客に情報を伝えることが悪いわけがありません。実際、大変好評を得ました。

山口：開業のとき、患者さんは何人来院されましたか。

工藤：初日に来院くださった患者さんが１００人を超えました。待ち時間が2時間を超えまして、キャンセルもあったので実際に診察したのは88名。開業した2月は最も患者数が少ない時期ですから、1日20名～30名でも十分でした。１００人は大成功と言ってもいいでしょう。結局、開業5日間で３００人を超えました。1カ月合計で１１９０人。業界関係者からは、「これだけの患者が来院したのは記憶がない」と言われました。仙台市近郊では過去最高でしょう。

○経営者として覚悟を決めてスタッフを説得

山口：看護師などのスタッフの教育に関してどうでしょうか。

工藤：朝礼では、業務上のクレームや問題点を確認して、声出しなどをチェックしています。夕礼では1日にあったことをチェックして、問題があれば即日、解決しています。あるとき、スタッフたちから「夕礼をやめて早く帰らして欲しい」とクレームがあったときに、経営者としての対応が変わりました。それまではスタッフに「気に入られたい」と思っていたので、なるべく叱らずに、ほめて育てる方針でしたが……。

山口：やはり、経営者としては、ほめて育てるだけというわけにはいかないでしょう。

工藤：そうですね。けじめをつけるために、全員スーツで来てもらって、働く意味について約4時間話しました。働くとはどういうことか、と自分が考えていることをわかるように話しました。言いたいことを言ってしまったら、スタッフが全員辞めてしまうかもしれない、という恐怖がありました。辞められたら困りますが、自分が真剣に考えていることを言ったのです。

山口：いつかは真剣に向き合わないといけないですよね。自分とあまりに考えが違うスタッフとは続かないでしょうからね。

工藤：確かにそうです。だから、「1人になってもやっていく」と覚悟を決めて話しました。その覚悟をしたことで、少し経営者として成長したと思います。看護師が1人辞めましたが、それでいいと思いました。その後、接客などを勉強するために、スタッフ全員でスパルタ的なセミナーを受けたりしています。

新しいレベルに達すれば、クリアすべき課題ができる

山口：開業してから学んだことはありますか。

工藤：すべての結果は自分に責任がある、ということです。何か不都合なことがあってもスタッフ、患者さん、関係者などのせいにはできません。何か問題が起きたら、自分が変わってアクションをとれば解決できます。そう自分に言い聞かせています。それから、言い訳を言わないことです。夕礼でスタッフが少しでも言い訳したら指摘します。もちろん、自分も言い訳したらすぐに謝ります。

山口：「解決できない問題はない」と皆さんに言っています。**自分が新しいレベルに達したから、クリアすべき課題が出てきたと思えばいいのです。**それに冷静に対処するだけです。自分に関わる問題で、自分で解決できない問題はありません。

工藤：私の父親は飲食チェーングループの社長ですが、いつも言っているのは「会社は自分の器以上に大きくならない」ということです。私もそのことを肝に銘じています。患者さんに感謝されながら充実した仕事を続けるには、自分のレベルを上げるしかないと思います。

山口：あと私がアドバイスするとしたら、自分の最終ゴールを用意することです。自分のミッションを意識して、周りの人に幸福感を与えることです。毎日接する人々とウィンウィンの関係を作ってください。クリニックを経営することで、誰かを不幸にするならやめればよいのです。年収が1億円になっても家族が不幸になるなら、そんな仕事はしなければよい。本当のゴールは何なのかを、はっきりさせることが大切です。

工藤：そうですね。もちろん向上心はありますが、あまり求めすぎて苦しくならないようにしています。今ある当たり前の幸せに満足することが大切だと思います。家族がいること、応援してくださる人々がいることに感謝しています。

2 森陽介氏インタビュー：アドビンテージ・USA代表取締役社長
「仕事内容を絞り込み、そこからチャンスを拡大する」

森陽介さんは、私のボンズアカデミーの生徒でアメリカ在住の方です。ネバダ州ヘンダーソンに会社があり、旅行ツアー、英会話、スポーツ選手のサポートなどのビジネスを展開しています。私のセミナーを受けてからは、仕事内容を絞り込んで高額商品に重点を置きました。その結果、売上が順調に伸長。最近では、プロゴルファー石川遼選手のアメリカツアーを完全サポートしています。

山口：2005年ぐらいから旅行ツアーなどの販売をなさっていたのですね。

森：そうです。「ラスベガス・コンシェルジュ」というホームページで他社が企画したグランドキャニオン・ツアーなどを販売していました。年間5000万円の売上で利益が850万円ぐらいでした。ほかにも自社催行ツアー、英会話、通訳、翻訳など、さまざまな仕事をしていました。

山口：売上としては悪くないですよね。

森：そうですね。グーグルやヤフーで広告展開して、検索順位で最高5位まで上がったことがありました。だいたいは8位〜12位ぐらいで、この売上になりました。

山口：２００８年末に戦略構築に関する合宿セミナーに参加していただきました。

森：あれがきっかけでした。それまで幅広くさまざまな仕事をしていたのですが、山口先生とお話しして、あまりに仕事を広げすぎていたことに気がつきました。自社催行のツアー、旅行英会話などの旅行関連ビジネスに集中することにして、高級路線で販売単価を上げることにしたのです。

山口：そうでしたね。森さんは語学や旅行などの多様なスキルを持ってらっしゃるので、そのスキルをもっと活かせる分野に絞り込んだのですね。

森：そうです。２００９年からはセドナやアンテロープなど、ラスベガス発の日帰りツアーを本格的に開始しました。年間に250名集客しまして、売上3000万円で利益が450万円となりました。同時にグーグルとヤフーの広告掲載では、キーワードをラスベガスに絞って展開した結果、最高3位、現状は4～5位となっております。教えてくださった検索キーワードを絞り込む方法を実践して効果を上げています。

山口：プロゴルファーの石川遼選手のサポートを始められたのは、その頃でしたか。

森：はい。2009年2月から石川遼選手のコーディネイトを引き受けました。3つのメジャートーナメントを含む約70日間サポートしました。最初はコーディネイターのみの依頼でしたが、少しずつ業務が増え、今ではゴルフ関連、航空券や車などの移動関連、食事などをすべて担当させていただいています。2010年はマスターズ出場2回目を記念して、石川遼専用車両を用意して日本料理専門のシェフも帯同させるなど、よりきめ細かいサービスで日本と変わらぬ環境を作りました。

2011年は、チーム石川遼の8名体制を完全サポートするため、2台目の専用車両を購入しました。さらに世界ナンバーワンのプロゴルフコーチであるブッチ・ハーモン氏にコーチングを依頼しまして、万全の体制を敷いています。

山口：石川遼選手以外の仕事はどうですか。

森：２０１０年はラスベガス発日帰りオプショナルツアーを10方面開拓して、１泊や２泊の宿泊ツアーを加え、年間５００名の集客を達成しました。売上高が７５００万円、粗利益が８００万円。２名催行が多いため、催行率を上げるために曜日限定などでコストセーブして３倍の売上高を目指しております。グーグルとヤフーでの広告展開も継続していますが、興味のある人向けに２キーワードを多用して顧客を集客する努力をしています。特定キーワード「ラスベガス　グランドキャニオン」では検索ランキング１位の位置を確保しました。

山口：今後は、どのような計画がありますか。

森：２０１１年は自社催行ツアー15コースで１０００名以上の集客を目指しています。昨年比３倍の売上高２億円を目指すべく、神原さんと一緒に新ウェブサイト「暮らすように旅をするラスベガススタイル」を新規構築中です。自社催行ツアーの企画・運営のため、専用車を５台とし、日本語を話すことのできるアメリカ人ツアーガイドを10名養成中です。また、スカイプを利用して「旅行英会話＋日常英会話レッスン」を開始しており、「海外旅行へ行きたい」「英会話ができるようになりたい」というニーズを的確につかんで集客する予定です。

3

田中誠仁氏インタビュー：仁建築事務所・代表取締役社長　建築駆け込み寺・代表

「マインドセットを変えたら仕事への姿勢も変わって収入が2倍に」

田中誠仁さんは、高校、大学と一貫して建築を専攻し、25歳のときに一級建築士に合格。大学を卒業後、地元の建築会社に就職。工事と設計を実戦で学びました。40歳のとき父親がクモ膜下出血により他界。父親の建築会社を引き継ぎました。現在、大手ハウスメーカーの協力会社として活動しながら、建築に関する知識をメルマガや個別相談でわかりやすく伝えています。高齢者のための介護リフォームに注目しており、安全で満足できる家造りを小予算で実現する工夫をしています。

山口：これまでの仕事内容を教えてください。

田中：建築士として下請け事業をメインに行っています。大手住宅メーカーから依頼のある測量、設計図制作、届け出資料の作成などです。

山口：どれくらいの収入になりますか。

田中：仕事内容、案件によって変わりますが、1件当たり単価4万円程度。1人でこなせる数も限られているので、収入に限界があります。1日中動き回って、月額80万円〜100万円稼ぐのが精一杯でした。

山口：生活するには十分な収入という感じがしますが……。

田中：1人で稼いでいますから十分な収入です。でも、自分が倒れたら収入がなくなりますからね。稼げるときに稼いで蓄えておきたい。できれば、歳をとってもお金が稼げる新しいビジネスを作りたかったのです。

山口：それで、私のセミナーにいらっしゃったのですね。

田中：そうです。セミナーの後、山口先生の指導を受けて、営業方法と仕事の進め方をシステマティックに変更しました。その結果、100万円が限界だと思っていた月間売上が、今まで最高の190万円になりました。これまで何十年と変わらなかった売上が、簡単に2倍になったのです。測量と役所への申請業務だけで190万円ですから、自分ながら驚きです。

これも山口先生の指導を受けた結果です。

山口：マインドセットが変わると、仕事のやり方など具体的な面も変わりますから、成果が出るんですよ。

田中：本当にそうですね。建築業は景気、季節など外部条件によって売上が変わるものと思っていましたが、自分の意識を変えるだけで売上を向上できるとわかりました。

山口：田中さんの努力の結果ですね。自社商品やサービスがなくても、マインドセットを変えて工夫すれば、売上を今の2倍から3倍に上げることが可能になるのです。

田中：本当にありがとうございます。あれから仕事が楽になってお金にも余裕ができました。そのおかげでボンズアカデミーの会員になることができ、山口先生と一緒に新規ビジネスを立ち上げることができて大変感激しています。

山口：今度のビジネスはかなりの規模のビジネスになる予定ですからね。どんなビジネスであっても、工夫次第で売上を伸ばすことが可能なのです。ただ、将来性、継続性、売上の上限などを考えれば、自分でコントロールできる自社サービスや商品を持つビジネスへ移行することをお勧めします。

田中：わかりました。ありがとうございます。

今回、登場してもらったのは、私が抱える3万人以上のクライアントのほんの一部です。まだほかにも、大勢の方が短期間で実績を上げています。その背景には、本書でお伝えしている「ビジネスプロモーター」のビジネススキルを私のもとで学ばれて、それを実践したことがあります。それによって、自分のお店、自分のサービス、商品の売上を極限まで短期間で伸ばしているのです。このスキルを、他人のビジネスをプロデュースする方向に活用すれば「ビジネスプロモーター」として稼ぐことができるようになるのです。

Chapter 6

ミッションによってビジネスプロモーターは成長する

① できない理由を考える前に理想を考える

ここまでビジネスプロモーターになるためのマインドセット、戦略、戦術、ケーススタディについてお話ししてきました。この章では、これまでお話しできなかった大切なことをお知らせします。それは理想、モチベーション、偶然の幸運「セレンディピティ」、努力、ミッション（使命）のことです。これらはビジネスプロモーターとして常に持っていなければならないものであり、最も大切にしなければならないものです。まず、理想のことを考えてみましょう。皆さんに次のことをお聞きします。

あなたにとって理想のビジネスとは何ですか？

もしかすると「理想のビジネスなんて考えたことがない」という方もいらっしゃるかもしれません。あるいは「理想なんて必要ない。もともと無理なんだから」「理想を持っても実現しなかったので、もう、そんなことは繰り返したくない」と思ったとしたら、考え直して欲しいのです。理想を持たずにビジネスをうまく進めることはできません。もし、ビジネスを進めていくうえで「できない」「無理だ」ということがあったら、理想は何だったのかを思い出してください。スタート地点、つまり原点に戻ってみることです。そうすると、全体がよく見えてくるのです。

我々は最初から理想を実現することは不可能なものとして、物事を始めてしまう傾向があります。そのように設定した時点で、理想のビジネスにはたどり着けません。「理想は無理」というのは偏見であり、そのような偏見に我々は知らぬ間にとらわれています。その偏見によって物事の本質を見失ってしまうのです。だから、次の言葉を覚えていて欲しいのです。

「次にどんな夢を描けるか。それがいつも重要だ」

これは第3章で紹介したアップル社のスティーブ・ジョブズCEOの言葉です。ジョブズは理想を追い続けている人です。理想を徹底的に追求して実現しています。だからこそ、多くの人が感動する商品を生み出せるのです。理想というのは目標であり、目標に向かう原動力になるものです。それは顧客を創造するための源でもあります。できない理由を考える前に、まず理想を考えることが大切なのです。

理想を掲げて大成功したケースが、北海道旭川市の旭山動物園。日本最北の動物園です。ＮＨＫの番組「プロジェクトＸ」やテレビドラマで紹介されたので、皆さんもご存じでしょう。もしかしたら、旭山動物園に行かれた方もいるかもしれませんね。現在は上野動物園と入場者数が並ぶほど人気がある旭山動物園ですが、15年前の１９９６年には、入園者数が減ったために閉園も考えられたほど人気が落ち込みました。

閉園の危機を迎えたとき、動物園のスタッフたちは、皆で理想の動物園を絵に描いて考えました。それを持って市長などを説得して、理想の動物園に少しずつ近づいていったのです。自分たちで展示施設を設計して、動物がイキイキと動く姿を見られる「行動展示」という工夫をしました。アザラシが上下する水のトンネルを作ったり、ペンギンが空を飛ぶように見えるアクリルのトンネルを作ったりして入園者を楽しませたのです。そのような積み重ねが現在の人気につながっています。多くのビジネスマンが、その展示やサービスの方法をビジネスの参考にするために訪問しているそうです。

「理想の動物園」という絵を描いたことが、旭山動物園を日本一人気のある動物園にしました。

このように理想を考えるところからビジネスの突破口が生まれることは多々あります。「理想は何だったのか？」と最上のゴールを思い出し、それを実現する道を考えるのです。理想を考えることは、新たな顧客を創造するための最善の方法なのです。

② 小さな成功を積み重ねてモチベーションを持続する方法

理想を掲げることはとても大切なことですが、必ずしも旭山動物園のようにうまくいくとは限りません。理想があまりに遠すぎるために、1歩目さえ踏み出せないことがあります。旭山動物園では、1つずつ行動展示の実験をして、結果を確認しながら理想の動物園に近づいていきました。小さな成功の上に、また小さな成功を積み重ねていくことで理想に近づけます。短期間で達成できそうな目標を設定することが前に進むコツです。

たとえば、現在の年収が300万円で、来年の年収目標が3000万円だとすると、その実現は相当難しいでしょう。実現不可能と思われることに挑戦しても、モチベーションは続きません。その理由は人間の脳が持つ性質にあるのです。実は人間が最もやる気になるのは、五分五分ぐらいの目標です。**「できるかどうか半々だな」と思ったとき、脳内に興奮物質が分泌されて、最もやる気が出るのです。**

あまりに簡単な仕事だと、やる気がでません。反対に、あまりに難しい仕事を命じられたら、何もできなくなってしまいます。「がんばればできるかもしれない」という程度の仕事だとチャレンジしたくなるのです。経営者としてスタッフに指示を出すときも同じです。そのスタッフが努力すれば達成できるくらいの仕事を与えれば、イキイキと働いてくれるでしょう。それで達成できれば満足感を得られますから、次の仕事に前向きに取り組みます。それと同じように自分の目標を決めるときも、確率50％ぐらいの目標にすれば挑戦意欲がわくはずです。

面白いミステリー小説のような「五分五分の目標」を設定して、自分なりのストーリーを作ってみるといいでしょう。一種のゲームのようなものです。「五分五分の目標」をいくつか作れば、その5割は達成できるでしょう。達成したことで満足感があり、モチベーションが上がります。そのように目標をクリアすることを繰り返すと脳の回転が加速します。快感になるからです。その快感が次への挑戦へのエネルギーになります。それをさらに繰り返していけば、知らぬ間に高いレベルまで行っている自分を発見できるでしょう。

③ 偶然の幸運「セレンディピティ」と出会うためには

人は、理想のゴールに向けて目標を立てて走っていると、偶然の幸運に出会うことがあります。そのような偶然の幸運は「セレンディピティ」と呼ばれています。ちょっとしたことから偶然、幸運をつかむ能力や、その出会いのことです。ノーベル賞を受賞した田中耕一氏も、典型的なセレンディピティのケースです。田中氏は間違った材料を混ぜてしまったことが、ノーベル賞受賞の研究につながりました。何がチャンスになるかわからないものですが、そのチャンスをしっかりと受けとめて成果を出す人が、ノーベル賞を獲得するような偉大な仕事を成し遂げるのです。

「セレンディピティ」は、ノーベル賞のような発見だけに起きることではありません。あるとき、ある場所で素敵な異性に出会って結ばれることもセレンディピティです。素敵な異性と出会う場所や日時は誰にもわかりません。そのとき、あなたに準備ができていれば、素敵な異性と恋人になることができるのです。

ビジネスでも同じようにセレンディピティがあります。私が、尊敬できる起業家と出会えたのもセレンディピティでしょう。あなたに受け入れる準備があるなら、成功した起業家たちと一緒に過ごすチャンスは必ず来ます。ただし、待っているだけではなくて、いつも「セレンディピティ」を受け入れられる素直な気持ちを持ちながら、前向きに行動しなければなりません。「セレンディピティ」に出会う方法は実に簡単です。行動することです。

前向きな行動をして偶然の幸運に気づき、それを受け入れることです。

偶然の幸運に出会って、それを活かせるかどうかは、その人の状態によります。常に新しいことを受け入れられる状態にいることが大切です。そうしていれば、自分をサポートしてくれる重要なビジネスパートナーと出会って、素晴らしい関係を築けるでしょう。ある意味、人との出会いはすべて「セレンディピティ」と言ってもよいでしょう。ビジネスにおいても人生においても、人との出会いがとても大切です。それがすべてと言ってもいいでしょう。

④ 世の中に天才はいない……努力の人がいるだけ

セミナーの後に参加者と話をしていると、「あの人は天才だから、私にはマネできない」というような言葉をよく聞きます。この本を読んで「ユニクロの柳井社長のようにはできない。ましてやビル・ゲイツのようになれるわけがない。彼らは天才だから自分とは違う」というような方がいるかもしれません。確かに今すぐにはなれないでしょう。でも、「天才だから私には無理」と決めつけてしまうのは、どうでしょうか。

私は多くの成功した起業家を見てきましたが、彼らは天才ではなく本当の努力家です。

成功した起業家だけでなく著名なスポーツ選手について調べてみると、彼らも天才というよりも大変な努力家であることがわかります。今ならイチロー選手、昔なら王貞治選手がそうです。まず、一本足打法でホームラン世界記録を達成した王選手のことについてお話ししましょう。

王選手は、1959年に巨人軍に入団しましたが、すぐに活躍したわけではありません。入団1年目は打率1割6分1厘、7本塁打と成績はよくありませんでした。2年目は2割7分、13本塁打。3年目は2割5分3厘、13本塁打と、プロ野球選手としては平均クラスの成績です。三振が多いので「三振王」と呼ばれていたそうです。その後の王選手を知っている人は驚くでしょうが、実は入団して3年間、王選手はあまり練習しないでお酒ばかり飲んでいたそうです。

王選手の様子を見かねた川上哲治監督は、荒川博コーチに王選手を任せます。これが王選手の「セレンディピティ」だったのでしょう。荒川コーチの指導を受け始めると打撃成績が上がり始めたので、それから人が変わったように猛特訓を開始したそうです。王選手は試合の後、荒川コーチのもとで5時間以上練習して、1日1000回を超える素振りをしたといいます。入団4年目には年間38本、5年目には40本のホームランを打ちます。そして6年目には55本のホームランを打ち、それは今も日本記録です。その凄まじい練習を見た同僚選手たちは、王選手のその後の活躍に誰も驚かなかったといいます。それだけの練習をしたから王選手はホームラン世界記録を作ることができたのです。

これはイチローにも通じることです。イチロー選手は、子供の頃から父親と一緒にバッティングセンターに毎日通っていたそうです。それも自分専用のバッティングマシンで練習したという逸話が残っています。イチローはプロ野球選手としてオリックス・ブルーウェーブに入団しますが、2年間は不遇のときを過ごします。3年目になると仰木彬氏が監督に就任してイチローという名前に改名させ、レギュラーに抜擢します。王選手が荒川コーチに出会ったように、イチローも仰木監督に出会ったのです。それからイチローは大活躍しますが、仰木監督はこう話したといいます。

「あれだけ練習すれば打てる。普通の選手はあんなに練習できないけどなあ」

仰木監督が言うとおり、イチロー選手は恐ろしいほどの練習量をこなしていたのです。普通のプロ野球選手は、バッティングマシンで30分ほど練習するだけですが、イチロー選手の場合は3時間以上練習しました。イチロー選手の練習量は日本一、いや世界一なのです。だからこそ、大リーグで年間200本安打を10年連続で達成できたのです。

王選手、イチロー選手から学ぶべきことは、努力を続けることによって人は天才になれるということです。王選手やイチロー選手は、厳しい練習に耐える才能を持っています。そこが凡人との違いでしょう。ここで付け加えるならば、努力する才能は、練習に喜びを見い出すことができる才能とも言えます。他人からは厳しい練習と見えますが、本人にしてみれば、そこに喜びがあるから練習を続けられるのです。**それをビジネスに言い替えれば、仕事に楽しみを見い出しているからこそ、一所懸命働くことができるのです。**

もし、本当に辛いことだけだったら努力を続けることはできません。そこから喜びが生まれ、何らかの快感があるから努力を続けられるのです。イチロー選手の場合は、自分の考えどおりに打てたときに快感があるそうです。バッティングする際には肩の微妙な開き方、足幅の数ミリの違いなどさまざまなことが、結果に影響を及ぼします。イチロー選手は、その微妙な違いが、どういう影響を及ぼすかを調べながら練習しています。そこにいつも新しい発見があるのです。その微妙な違いを知ることで、新たな境地に行けるわけです。そこに快感があります。だからこそ、驚くべき練習量をこなすことができます。

スポーツも仕事も、その点は同じです。仕事をすることによって喜びを見い出し、自分に快感を与えてやりましょう。自分なりの小さなことでよいのです。少しの工夫をすることで、仕事に何らかの変化が生じます。「挨拶をはっきりする」「文字を丁寧に書く」「必ずお礼のメールを送る」という前向きなことです。前向きな行動をすれば、必ず何らかの結果があります。そこにきっと喜びがあるはずです。そのような喜びを感じることで、仕事への態度が変わります。小さな喜びを感じ、新たな発見をすることが、一歩一歩、天才に近づくことなのです。

もう1つ、努力を続けるためのヒントがあります。それは微妙な違いを知ることとは反対に、大きな世界を見ることによって努力を続ける方法です。もし、今の仕事が辛いものであるなら、脳科学者、茂木健一郎氏の次の言葉を味わってください。

「『自分が今やっている仕事を、誰が必要としているか』を、社会全体に広げて想像する力。これがあれば、つまらない仕事も面白くなっていくはずですし、その力は次の仕事に移った

ときにも、絶対活きるはずですよ」

あなたの仕事は、必ず誰かの役に立っています。この世の中に誰の役にも立たない仕事はありません。今している仕事が、どのように世の中に役立っているのかを考えてみてください。野球選手なら、そのプレーに誰かが感動して、明日の仕事の活力にしているかもしれません。タクシー運転手は、毎日人を運んでいます。それだけでも役に立っていますが、もしかしたら、乗客にかけた優しい言葉が、その人を自殺から救っているかもしれません。起業家なら、新しいビジネスを創り出し、商品やサービスを提供して顧客に喜びを与えます。大きな企業にすることができれば、たくさんの従業員に安定した快適な生活を保証できるでしょう。ビジネスが成立していれば、それは必ず役に立っているはずなのです。そのように想像すれば、今の仕事に全力投球できるのではないでしょうか。

⑤ 最後の質問「あなたのミッションは何ですか」

「自分が今やっている仕事を誰が必要としているか」と考えてみると、自分のしている仕事の意味がわかってきます。仕事の意味がわかると、人は前向きに働き始めます。先輩の起業家たちを見ていると、想像を超える努力をしています。働いて働いて倒れるまで働く、というほど働いていらっしゃいますが、いつも元気で笑顔です。その姿には感銘を覚えます。普通に考えれば「十分、お金があるんだから、そこまでしなくても」と思うのですが、驚くぐらい働くのです。その理由は、きっと自分の仕事の意味がわかっているからではないかと思います。

ケンタッキー・フライド・チキンの創業者であるカーネル・サンダースは、90歳で亡くなる直前まで世界の店舗を回って料理法を教え続けたといいます。その元気さに周囲は驚きました。きっと、仕事に喜びを見い出し、そこに意味を発見しているからこそ、元気に働けるのだと思います。さらに言えば、仕事に喜びを見つけ、そこに自分なりの使命、つまり「ミッション」を見い出しているのです。

そこには、自分のためとか、他人のためとかということではなく、「自分がすべきことをしている」という感覚があるようです。きっと、一生懸命働いているうちに自分のミッションを見つけて、それに従って動いているから驚くほど働けるのではないでしょうか。私は、ミッションはビジネスプロモーターにとっての空気のようなものだと考えています。

ミッションを持つことで、ビジネスプロモーターは成長できます。ミッションを持つことで、人々への感謝が生まれ、人々に喜びを与える力がわきます。

私は、現在主催しているボンズアカデミーで経営に関する知識やノウハウを提供しています。それは人々へ夢を与えることだと考えています。多くの起業家の有益な話を紹介したり、ビジネスプロモーターとしてビジネスを加速させる戦略や戦術を教えたりすることで、人々に力を与えられると信じています。そして、新たに多くのビジネスプロモーターを生み出すことで、人々に力を与えて、日本を元気にすることができると考えています。

ビジネスプロモーターの仕事は、困っている人に困っていることを、足りない人に足りないことを聞いて、それらを解決することです。ただ解決するだけはなく、人々に感動を与えることのできるビジネスモデルまで練り上げて展開します。そのビジネスの輪を無限大に広げられるのがビジネスプロモーターの特権です。是非、その特権を使って、困っている人や足りない人をサポートしていきましょう。それでは最後の質問です。

あなたのミッションは何ですか?

今度、お会いしたとき私に教えてください。

おわりに

学歴もない、資金もない、コネもない私でしたが、優秀な起業家たちと一緒に過ごす時間を作り、そこから学んで、経営者、ビジネスプロモーターの1人として仕事ができるようになりました。今、振り返りますと、8年前に自殺直前まで行ったことが信じられません。

世の中には運、不運が確かにありますが、それも違った視点から見れば、大きな流れの中にある浮き沈みのようなものでしょう。ただ1つ言えることは、人との出会いが必ず大きなきっかけやチャンスになるということです。私自身がそうであったように……。

起業当時まったく稼げなくて倒産寸前だった私は、さまざまな機会を見つけて、成功している起業家の方々と一緒に過ごす時間を作ってきました。それが私の人生、ビジネスを大きく変えたのです。しかも、自分自身に大した技術、能力、商品やサービスがなくても、本書でお伝えした【ビジネスプロモーター】のスキルを身につければ、お金やコネがなくても、大きな富を生み出すビジネスを作り出すことができるのです。世の中には、優れた技術、知識、商品を持ちながら世に出すことができない人が掃いて捨てるほどいるのですからね。実際に私がそうして、ビジネスをいくつも生み出してきたのです。つまり、

学歴・お金・経験・技術・知識など一切なくても、『身体1つで幾らでも稼げるのです』

そしてそれにより、素晴らしい知識、技術の持ち主も救われ幸せになり、その知識や技術を必要としていた人も救われるのです。そんな埋もれた技術、知識を発掘する為に、今でも私は色々な人と会いに行きます。

「あの人から何か学べる」と思ったら、どんなに忙しくても、その場所が地球の裏側であったとしても必ず会うことにしています。なぜなら、そのような機会は一生に何度もありませんし、たとえ親しい人であったとしても、その出会いをいつも一期一会と考えているからです。

また、現在何らかの商売をされている方、これからしようと思っている方も、本書でお伝えした『ビジネスプロモーター』のスキルを使うことで、幾らでもビジネスを大きくするこ

とができます。あなたも是非自分を高める為に、学び、成功者と会うように努めてください。

そこには、多くの時間、お金、労力が必要となり、もしかしたらその大半がスグに成果に結びつかないかもしれません。でも、人生で意味のない事などはありませんし、全ての出来事が意味があって起こっているのです。そしてすぐに成果が出ないと感じていたことが数年後振り返ってみると、必ず何かに生かされていることに気づかされるはずです。

私自身も、実際のところ、そのような喜びを感じるまでには時間がかかりました。起業した頃は不安でいっぱいで、しばらくは目の前のことを一所懸命やるだけで、喜びを感じる暇もありません。それからも働き続け、倒産寸前まで行ったときには喜びとは遠いところにいたはずでした。でも、どん底のときにサポートしてくださった先輩や友人の存在によって、私は本当に救われました。そのような人々と出会えたことに喜びを感じたのです。「この人たちのためにもガンバらなければ」と考えました。

不思議なことに、その頃から努力の仕方がわかってきたのです。「自分だけのためではない」と思ったからかもしれませんし、尊敬する起業家たちと一緒の時間を過ごしていたからかも

と思ったからかもしれませんし、尊敬する起業家たちと一緒の時間を過ごしていたからかもしれません。起業家たちから学んだ「成功の方程式」によって、一日一日するべきことがわかり、それを実行していくたびに少しずつ自信がついてきました。今日一歩前に進めば、明日も一歩進める。そうすれば必ずゴールに着く、と確信したのです。そのようにしているうちに、顧客の方々から本当の喜びをいただけるようになりました。喜びという新たなスイッチが入ったことで、目の前の風景が少しずつ変わっていったのです。

それまで、成功している起業家は、自分とは違った人種で特別な能力や才能を持っていると思い込んでいましたが、そうではないことが少しずつわかってきました。ビジネスプロモーターに天才的な才能や能力は必要ありません。必要なのは日々の努力。少しずつ考えて、少しずつ変えていけばいいのです。従来のビジネスモデルをほんの少し変化させただけでも、それが将来的に大きな変化につながるのです。この一歩が、これからの未来をすべて変える、ということです。そして今、私は、ビジネスプロモーターの理想の姿が見えてきました。それは次のようなものです。

世界は豊かで可能性に満ちています。
そこで多くの夢が今、生まれています。
小さい夢も大きい夢もありません。
すべて大切な夢です。
他人の夢でも自分の夢でもよいのです。
ビジネスプロモーターの理想は、皆の夢を叶えること。
皆の夢を実現することが私の夢です。
きっといつか、あなたの夢と私の夢が交差する日が来ます。
そのとき、あなたがチャレンジしている夢について聞かせてください。

山口友紀雄

今、病室でこの【おわりに】を書いています。特に重大な病気というわけではありませんが、仕事のしすぎで3カ月に一度は倒れてしまい、3日~7日間ほど寝込んでしまいます。

丁度今がその周期にあたり、2日前に倒れてしまいました。ある程度稼げるようになってからもこのような生活を送っています。稼げなくてお金に困り資金繰りに奔走していた5年くらい前に比べると、稼げる額も10倍以上になっていますし、倒産の心配などありません。ですが、稼げるようになるともっと大きなお金の悩みや違った問題などが起こってくるのです。恐らくは死ぬまで問題や悩みは無くならないのでしょうね。

そんな目の前の壁を1つ1つ越えて、前に進むことが経営者の仕事であり、成功へのたった1つの道なのかもしれません。そこから逃げずに前に進んだものだけが自分なりの幸せを掴むのでしょうね。現状がどうであれ、そうやって逃げずに前に進んでいる人をカッコいいと思いますし、私もそうありたいと考えています。なぜなら、それが自分の夢、目標を手にするたった1つの方法だからです。自分が成長するたった1つの方法だからです。いつか、あなたと一緒にビジネスができるのを楽しみにしています。

被災者された方へのお見舞い

本書がいよいよ完成を迎えるほんの10日ほど前、戦後最大規模の東日本大震災が発生しました。多くの方が被災され、家や家族を失い、苦しい日々をお過ごしのことと思います。一刻も早く復興し、立ち直りますように。また、あなたとあなたの大切な方が無事でありますように心よりお祈りしております。私も私にできることを全力でやらせていただきます。

参考文献

『成功はゴミ箱の中に』
レイ・クロック著（プレジデント社）

『企画脳』
秋元康著（PHP研究所）

『スティーブ・ジョブズ名語録』
桑原晃弥著（PHP研究所）

『スティーブ・ジョブズvsビル・ゲイツ』
竹内 一正著（PHP研究所）

『柳井正 わがドラッカー流経営論』
ＮＨＫ「仕事学のすすめ」制作班（日本放送出版協会）

『手紙から読み解く戦国武将意外な真実』
吉本健二著（学研パブリッシング）

『カーネル・サンダース』
藤本隆一著（産能大学出版部）

『デザインエクセレントな経営者たち』
デザイン＆ビジネスフォーラム編（ダイヤモンド社）

『情報楽園会社』
増田宗昭著（復刊ドットコム）

『アイディアのつくり方を「仕組み化」する』
（ディスカヴァー・トゥエンティワン）

『黄金のＧＴ　TABOO』vol.2
（晋遊舎）

著者紹介
山口友紀雄（やまぐち ゆきお）
福岡県生まれ。サラリーマン時代に倒れて１年の休職ののちリストラに会い、仕方なく経験のないペット業にて起業。わずか４カ月でテレビや雑誌に何度も取りあげられる行列店に。その後、会員15万人の経営者の勉強会組織が主催するコンテストで優勝し、コンサルタントチャンピオンに。現在、自ら５つの事業を行いながら、48名以上をプロデュース。数百万～数百億円規模の事業をプロデュースする【ビジネスプロモーター】として活躍中。さらに数多くのプロデュースをこなす為に2011年から【山口友紀雄ビジネスプロモーターグループ】を結成し、活動中。著書に、Amazonで売上ランキング1位を獲得した『トップスピードマーケティング』（インデックス・コミュニケーションズ）がある。

有限会社いきもの屋　代表取締役会長
株式会社レザリューション　代表取締役
経営者のアカデミー　【ボンズ】主催
【日本宿泊業行列実践会】　顧問
インターネットアカデミー
ウェブフロンティア・シークレットラボ【天空】　顧問
【日本ウェブマーケティング協会】　顧問

成功している起業家は、みんなやっている
無限ビジネス創造法

2011年4月15日　初版第1刷発行

著　者　　山口友紀雄
発行者　　宮下晴樹
発　行　　株式会社つた書房
〒101-0025　東京都千代田区神田佐久間町3-21-5　ヒガシカンダビル3F
TEL. 03（6868）4254
発　売　　株式会社創英社／三省堂書店
〒101-0051　東京都千代田区神田神保町1-1
TEL. 03（3291）2295
印刷／製本　シナノ印刷株式会社

ISBN978-4-905084-02-0